Michael Tillmann
Réussir les concours 2025
L'actualité allemande : faits, analyses, vocabulaire

Michael Tillmann

RÉUSSIR LES CONCOURS 2025
L'actualité allemande : faits, analyses, vocabulaire

En application de l'art. L.137-2.-I. du code de la propriété intellectuelle, toute reproduction et/ou divulgation de parties de l'œuvre dépannant le volume prévu par la loi est expressément interdite.

© Michael Tillmann

Relecture et correction : Amira Gelster

Édition : BoD · Books on Demand, 31 avenue Saint-Rémy, 57600 Forbach,

bod@bod.fr

Impression : Libri Plureos GmbH, Friedensallee 273, 22763 Hamburg

(Allemagne)

ISBN: 978-2-8106-2471-3

Dépôt légal : février 2025

Inhaltsverzeichnis

Präsentation / Présentation — 8

Kapitel 1: Landtagswahlen in Ostdeutschland — 12
Ergebnisse und Regierungsbildung / Die wichtigsten Lehren aus den Landtagswahlen / Sahra Wagenknecht und das BSW

Kapitel 2 Alternative für Deutschland — 22
Kurze Geschichte der AfD / Entwicklung des Stimmenanteils der AfD / Programmatische Aspekte der AfD / Die AfD - nationalkonservativ, rechtspopulistisch oder rechtsextrem? / Björn Höcke und die Skandale der Partei / Wehrhafte Demokratie, Verfassungsschutz und die Frage eines Parteiverbots

Kapitel 3 Migration und Flucht — 38
Arbeitsmigration, Familienzusammenführung, individuelle Verfolgung und kollektive Fluchtursachen / Zwischen Willkommenskultur und Angst vor Überfremdung / Kampf gegen Asylmissbrauch in Deutschland und Asylreform in der EU

Kapitel 4 Angela Merkel — 54
Was man Angela Merkel heute vorwirft / Angela Merkels Freiheit

Kapitel 5 Ostdeutschland — 66
Wirtschaftliche Angleichung, aber mit Einschränkungen / Demographie: Bevölkerungsrückgang und Männerüberschuss / Gesellschaft: Eliteschwäche, Transformationserfahrung und Veränderungsmüdigkeit / Unterschiedliche Einstellungen: Beispiel Ukraine / Drei Bücher zur Ost-Debatte: Was sind die Hauptthesen?

Inhaltsverzeichnis

Kapitel 6 **Deutschland nach der Wahl Donald Trumps** 80
Donald Trump, ein möglicher Handelskrieg und die Folgen für die deutsche Automobilindustrie / Donald Trump und das deutsche Selbstverständnis / Donald Trump und die Debattenkultur in Deutschland

Kapitel 7 **Die Ampelkoalition und ihr Ende** 94
Was war die Ampelkoalition, welche Ziele hatte sie und woran ist sie zerbrochen? / Wie hat die Ampelkoalition auf den Ukraine-Krieg reagiert? / Die Ampelkoalition und die Wirtschaft / Gesellschaftspolitische Initiativen: drei Beispiele

Kapitel 8 **Frankreich, Deutschland und die europäische Integration** 114
Die europäische Integration, die Osterweiterung und die Bedeutung der deutsch-französischen Zusammenarbeit / Die letzten Baumeister Europas treten ab: Jacques Delors und Wolfgang Schäuble / Stimmungen und Verstimmungen zwischen Deutschland und Frankreich / Erfolgsvoraussetzungen und aktuelle Zukunftsperspektiven Europas

Kapitel 9 **Deutschland, der kranke Mann Europas?** 140
Deindustrialisierung? / Gründe für den Wirtschaftsabschwung / Bedeutung des Automobilsektors und Krise bei Volkswagen: Sind die fetten Jahre vorbei? / Marode Infrastrukturen: Deutsche Bahn und Bildungssystem / Das Für und Wider der Schuldenbremse in Zeiten der Krise

Kapitel 10 **Jugend in Deutschland** 170
Wie tickt die Jugend in Deutschland? / Junge Menschen haben Angst vor Krieg, Armut, Feindseligkeiten und Klimawandel / Unterschiede zwischen West- und Ostdeutschland / Wie sich junge Menschen politisch positionieren / Rechtsruck der Jugend: Mythos oder Realität? / Zoomer gegen Boomer: ein Generationenkonflikt? / Wie wir die Zukunft der Jugend gefährden

Präsentation / Présentation

Ce que vous trouverez dans les pages qui suivent

Les dix chapitres de ce manuel passent en revue l'actualité allemande depuis le mois de septembre 2024, c'est-à-dire celle qui est particulièrement intéressante pour les épreuves écrites et orales des concours 2025. Ils donnent les clés pour maîtriser les faits, pour en comprendre les enjeux et pour construire une argumentation cohérente, dans un allemand efficace. En effet, cette fin d'année 2024 a été riche en événements, faits et débats outre-Rhin.

Seront ainsi abordés successivement

- les élections régionales en Allemagne de l'Est qui ont vu éclore une nouvelle force politique - oui, encore une -, celle de l'inclassable Sahra Wagenknecht, ancienne icône de "Die Linke" qui en janvier 2024 a créé un parti dit "conservateur de gauche" ;
- le parti AfD, bien sûr, grand vainqueur de ces élections sur les terres orientales de l'Allemagne, ce qui permet de revoir son histoire, son programme, ses scandales et les débats qu'il suscite au-delà de la diabolisation médiatique ;
- l'épineuse question de l'immigration et de la sécurité avec les attentats et autres actes de violence qui ont ému l'opinion allemande et fait bouger les lignes en Europe aussi.

Mais notre regard se portera aussi sur

- Angela Merkel, l'ancienne chancelière, celle qui décida en 2011 de fermer les centrales nucléaires et en 2015 d'ouvrir les frontières ; elle a mauvaise presse depuis qu'elle n'est plus au pouvoir et pourtant, dans ses mémoires qu'elle vient de publier, elle fait sa diva : non, dit-elle, elle ne regrette rien ;

- l'Allemagne de l'Est et la question lancinante de savoir pourquoi diable ces terres orientales persistent à vouloir à tout prix être différentes de la partie occidentale du pays ; nous apporterons des informations économiques, démographiques et sociales qui peuvent éclairer le phénomène, tout en vous présentant trois auteurs, de l'Est, dont les ouvrages ont nourri le débat récemment ;
- l'élection du président américain Donald Trump et les conséquences de celle-ci sur l'Europe, sur l'Allemagne, sur son économie et son besoin de protection militaire face aux incertitudes d'une géopolitique qui se fait menaçante ; les conséquences aussi sur la façon dont l'Allemagne se voit et se définit depuis des décennies.

D'autres chapitres se pencheront sur
- la fameuse coalition tricolore, *die Ampel*, dont le feu s'est éteint avant l'heure mais qui laisse un bilan qui ne convainc personne ;
- le sempiternel couple franco-allemand, moteur d'une Europe qui a fêté cette année les vingt ans de l'élargissement à l'Est et qui a perdu, avec le socialiste français Jacques Delors et l'Allemand chrétien-démocrate Wolfgang Schäuble, deux de ces bâtisseurs les plus respectés en décembre 2023 ;
- l'économie allemande qui bat de l'aile, l'industrie automobile outre-Rhin qui est en panne, le système éducatif qui souffre et la Deutsche Bahn qui n'est plus à l'heure.

Enfin, un dernier chapitre permettra de s'intéresser à une thématique qui fait partie, dans l'imaginaire des concepteurs de sujets de concours, des classiques indémodables :

- la jeunesse, ses préoccupations, ses ambitions, ses peurs, les critiques qu'elle suscite ce qui nous permettra d'aborder rapidement des thématiques annexes comme la pandémie, l'éco-anxiété, le service militaire et les réseaux sociaux.

Ce qui est l'ambition de cet ouvrage

L'ouvrage s'adresse à toute personne intéressée par la langue allemande et les thématiques journalistiques, mais plus particulièrement aux préparationnaires aux concours des écoles de commerce, des IEPs ou tout autre concours qui nécessite de solides connaissances d'actualité, que ce soit pour les épreuves écrites ou orales.

Il propose de courts paragraphes en allemand qui ont trois objectifs principaux. Tout d'abord, il voudrait vous permettre d'accéder aux informations d'actualités indispensables pour réussir le concours en présentant les faits que vous pourrez reprendre pour illustrer un discours organisé et argumenté au moment du concours. Et nous avons enrichi les faits d'actualités bruts par des informations approfondies tout en proposant des pistes de réflexion personnelles. Ainsi, si un sujet de concours porte sur la guerre en Ukraine et ses conséquences pour l'Allemagne, vous trouverez des idées et des illustrations dans de nombreux chapitres : celui qui traite de l'Allemagne de l'Est puisque la population y est moins favorable à l'aide militaire et financière de l'Ukraine ce qui alimente le vote dit populiste de l'AfD et du BSW, le parti de Sahra Wagenknecht ; celui qui s'intéresse à Donald Trump car les choix de sa politique ukrainienne auront un impact immédiat sur les orientations militaires, nationales ou internationales, que l'Allemagne devra prendre ; celui de la coalition tricolore puisque *die Ampel* a dû réagir à la crise au pied levé par toute une série de mesures qui - autre chapitre qui est concerné - n'ont pas manqué d'affecter les relations franco-allemandes ; et, enfin, celui de la jeunesse car la peur de la guerre en Europe est sa préoccupation majeure selon la dernière enquête Shell.

Ensuite, ces paragraphes ont l'ambition de présenter un discours cohérent et organisé, nourri de faits pertinents dont la lecture peut vous aider, par capillarité, à produire le même type de discours problématisé, structuré, argumenté et illustré le jour du concours. Il ne faut pas hésiter à lire et relire les mêmes paragraphes et à vous les approprier en les simplifiant, si besoin.

Enfin, il est évident que l'objectif consiste aussi et surtout à vous permettre d'améliorer votre qualité d'expression. Une liste de vocabulaire d'une vingtaine d'entrées avec leur traduction fait face à chaque page de texte. Ces entrées qui relèvent surtout du vocabulaire technique et thématique devraient faciliter la compréhension de la page d'en face. En rédigeant ces fiches de révision, nous n'avons ni cherché à faire particulièrement simple ni essayé de produire des textes artificiellement compliqués. Nous avons visé un allemand à la fois naturel et académique, valorisant et adapté aux attentes des grandes écoles.

Nous espérons que cet ouvrage pourra vous être utile.

Kapitel 1:
Landtagswahlen in Ostdeutschland

Ergebnisse und Regierungsbildung

Im Herbst 2024 haben in drei ostdeutschen Bundesländern Landtagswahlen stattgefunden: in Sachsen, Thüringen und Brandenburg. Die Tabelle zeigt die Ergebnisse der jeweiligen Parteien, die Anzahl ihrer Sitze in den drei Landtagen sowie die Regierungen, die im Anschluss an die Wahlen gebildet wurden:

	Sachsen		Thüringen		Brandenburg	
	%	Sitze	%	Sitze	%	Sitze
CDU	31,9	41	23,6	23	12,1	12
SPD	7,3	10	6,1	6	30,9	32
Linke	4,5	6	13,1	12	3,0	-
FDP	0,9	-	1,1	-	1,4	-
Grüne	5,1	7	3,2	-	4,1	-
FW	2,3	1	-	-	-	-
AfD	30,6	40	32,8	32	29,2	30
BSW	11,8	15	15,8	15	13,5	14
		120		88		88
REG.	CDU+SPD (51 Sitze)		CDU+SPD+BSW (44 Sitze)		SPD+BSW (46 Sitze)	

LANDTAGSWAHLEN IN OSTDEUTSCHLAND

Vokabelhilfe

e Regierungsbildung, -en	la formation d'un gouvernement
e Landtagswahl, -en	l'élection régionale
r Sitz, -e	le siège
r Landtag, -e	le parlement régional
sowie	ainsi que
im Anschluss an + acc.	à la suite de qqch, après qqch

KAPITEL 1

Die wichtigsten Lehren aus den Landtagswahlen

- *Hohe Wahlbeteiligung*: Die Wahlbeteiligung lag in allen drei Ländern bei über 70%. So viele Wähler hatten seit den ersten Landtagswahlen in den 1990er Jahren nicht mehr ihre Stimme abgegeben. Das deutet darauf hin, dass es sich bei der Wahl für die Bürger in den beiden Ländern um eine wichtige Wahl gehandelt hat. In einer stark polarisierten Stimmung ging es für viele Wähler allerdings mehr um bundespolitische Themen - Migrationspolitik, Ukraine-Politik, Stationierung von US-Raketen - als um landespolitische Themen.
- *Misstrauensvotum gegen die Bundesregierung*: Die Wahlen in den drei Ländern waren ein deutliches Misstrauensvotum gegen die zu diesem Zeitpunkt amtierende Bundesregierung. Die Parteien der sogenannten Ampelkoalition aus SPD, FDP und den Grünen kommen zusammen in Sachsen nur noch auf 13,3% und in Thüringen auf 10,4%. In Brandenburg erzielt die SPD ein gutes Ergebnis, aber weder die Grünen noch die FDP schaffen es in den Landtag. Tendenziell haben die "westdeutschen" Parteien - d.h. die Parteien, die schon zur Zeit der Teilung Deutschlands im Westen existierten - im Osten einen schweren Stand.
- *Siegeszug der AfD geht weiter*: Die AfD hat in allen drei Bundesländern gegenüber 2019 noch einmal zugelegt. Sie liegt jetzt dicht an oder gar über der 30%-Marke. In Thüringen ist sie mit 32,8% der Stimmen sogar stärkste politische Kraft geworden. Seit ihrer Parteigründung gewinnt die AfD überall an Resonanz, im Osten deutlich schneller als im Westen. In Sachsen und Thüringen bekommt sie drei Mal so viele Stimmen wie vor zehn Jahren.

LANDTAGSWAHLEN IN OSTDEUTSCHLAND

Vokabelhilfe

e Wahlbeteiligung, -en	la participation électorale
seine Stimme ab/geben (i/a/e)	voter, aller voter
s bundespolitische Thema, Themen	le sujet national
e stark polarisierte Stimmung, -en	le climat de forte polarisation politique
e Stationierung von US-Raketen	le stationnement de missiles américains
s landespolitische Thema, Themen	le sujet régional
s Misstrauensvotum	le vote de défiance, la censure
e amtierende Regierung, -en	le gouvernement en place, sortant, actuel
e sogenannte Ampelkoalition	ce qu'on appelle le gouvervement feu tricolore
(nur noch) auf ...% der Stimmen kommen (a/o) (SEIN)	ne récolter plus que ... % des suffrages
ein gutes Ergebnis erzielen	obtenir un bon score
es in den Landtag schaffen	réussir à entrer au parlement régional
im Osten einen schweren Stand haben	avoir du mal à s'implanter à l'Est, à obtenir de bons scores à l'Est
r Siegeszug	le triomphe
(noch einmal) zu/legen	progresser (encore)
an Resonanz gewinnen (a/o)	gagner du terrain
drei Mal so viele Stimmen bekommen (a/o) wie ...	avoir trois fois plus de suffrages que...

Kapitel 1

- *BSW - neue Partei, viele Stimmen*: Das Bündnis Sahra Wagenknecht (BSW), das erst Anfang 2024 gegründet worden ist, kommt aus dem Stand in allen drei Ländern auf ein zweistelliges Ergebnis. Das zeigt, wie sehr das Parteiensystem - zumindest in Ostdeutschland - in Bewegung geraten ist.
- *Herausforderung Populismus*: Wenn man die AfD und das BSW als populistische Formationen betrachtet, so stimmen zwischen 40 und 50% der Wähler in Ostdeutschland gegen die etablierten politischen Eliten und ihre Politik.
- *Zunehmende Fragmentierung des Parteiensystems, ideologische Polarisierung und Brandmauer - auf dem Weg in die Unregierbarkeit?*: Die Zersplitterung des Parteiensystems, die Stärkung des linken (BSW) und des rechten Randes (AfD) und die ideologischen Differenzen erschweren die Bildung stabiler Mehrheiten. Die AfD gilt bei allen anderen Parteien aufgrund ihrer Positionen und ihres Auftretens als nicht regierungskompatibel. Diese "Brandmauer" macht die Bildung einer Koalition aus CDU und AfD unmöglich, die zusammen zumindest in Sachsen und Thüringen eine deutliche Mehrheit rechts hätten. Keine der gebildeten Regierungen ist eine natürliche Koalition: Große Koalitionen (CDU+SPD) wie in Sachsen sind immer nur eine Notlösung. Die sogenannte Brombeer-Koalition in Thüringen ist ein gewagtes Drei-Parteien-Experiment, das unterschiedliche Programmatiken unter einen Hut bringen muss. Und genau wie die Minderheitsregierung in Brandenburg (SPD+BSW) hat sie keine absolute Mehrheit im Landtag.

LANDTAGSWAHLEN IN OSTDEUTSCHLAND

Vokabelhilfe

s Bündnis, -se	l'alliance
aus dem Stand auf ein zweistelliges Ergebnis kommen (a/o) (SEIN)	réussir à avoir un résultat à deux chiffres lors de la première apparition électorale
in Bewegung geraten (ä/ie/a) (SEIN)	connaître une dynamique (de changement), un bouleversement
e Herausforderung, -en	le défi, le challenge
gegen + acc. stimmen	voter contre qqch
e Brandmauer, -n	le cordon sanitaire, le front républicain
auf dem Weg + préposition directive	en voie vers qqch
e Unregierbarkeit	l'ingouvernabilité
e Zersplitterung des Parteiensystems	l'éclatement du système des partis
e Stärkung des linken und des rechten Randes	le renforcement des extrêmes à gauche et à droite
s Auftreten	ici : le comportement, l'attitude
e Notlösung, -en	la solution faute de mieux
e Brombeer-Koalition	la coalition "baies de mûre" (CDU+SPD+BSW)
etwas wagen	oser qqch
etw. unter einen Hut bringen (acht/acht)	accorder qqch, trouver un équilibre entre qqch, concilier qqch

KAPITEL 1

Sahra Wagenknecht und das BSW

Wie sehr das deutsche Parteiensystem - in Ostdeutschland, aber auch auf Bundesebene - in Bewegung geraten ist, zeigt der Erfolg des BSW (Bündnis Sahra Wagenknecht). Sahra Wagenknecht ist Ende 2023 aus ihrer Partei Die Linke ausgetreten. Im Januar gründete sie das nach ihr benannte BSW. Und nicht einmal ein Jahr später ist sie in zwei Ländern an der Regierung beteiligt, und alle Umfragen deuten darauf hin, dass das BSW bei der nächsten - vorgezogenen - Bundestagswahl auch den Sprung in den Bundestag schaffen könnte.

Tatsächlich ist Sahra Wagenknecht eine der schillerndsten politischen Persönlichkeiten in Deutschland. Als Tochter einer Ostdeutschen und eines in Westdeutschland lebenden politischen Flüchtlings aus dem Iran ist sie in der DDR aufgewachsen und noch 1989, kurz vor dem Mauerfall mit gerade einmal neunzehn Jahren der SED (Sozialistische Einheitspartei Deutschlands) beigetreten. Nach dem Mauerfall war sie auch in der Nachfolgepartei PDS (Partei des demokratischen Sozialismus) aktiv, polarisierte aber immer wieder: Sie vertrat oft unpopuläre Positionen, die gegen die Parteilinie verstießen, weil sie sich beispielsweise weigerte, sich von der DDR-Vergangenheit zu distanzieren und die DDR als Unrechtsstaat anzuerkennen. Manchen galt sie als Stalinistin, andere bewunderten ihren Mut. Ihre Furchtlosigkeit, Unbeugsamkeit und Lust an der Provokation sind vielleicht ihre herausragenden persönlichen Eigenschaften. Den Niedergang ihrer Partei, die seit 2005 die Linke heißt, erklärt sie mit dem Siegeszug einer linksliberalen Lifestyle-Gesinnung, die die klassisch linken Themen einer materiellen Besserstellung der einfachen Bevölkerung verdrängt hat.

LANDTAGSWAHLEN IN OSTDEUTSCHLAND

Vokabelhilfe

aus einer Partei aus/treten (itt/at/et) (SEIN)	quitter un parti, rendre sa carte du parti
etw. nach + dat. benennen (annt/annt)	nommer qqch d'après qqch
an einer Regierung beteiligt sein	participer à un gouvernement
alle Umfragen deuten darauf hin, dass …	tous les sondages portent à croire que…
e vorgezogene Bundestagswahl	l'élection anticipée
den Sprung in den Bundestag schaffen	réussir à entre au Bundestag (assemblée nationale allemande)
eine schillernde Persönlichkeit	la personnalité haute en couleur
einer Partei bei/treten (itt/at/et) (SEIN)	adhérer à un parti, prendre la carte d'un parti
e SED (Sozialistische Einheitspartei Deutschland)	le parti unique du temps de la RDA
e Nachfolgepartei PDS (Partei des demokratischen Sozialismus)	le parti héritier du SED
sich von der DDR-Vergangenheit distanzieren	prendre ses distances avec la RDA
die DDR als Unrechtsstaat anerkennen (ann/annt)	reconnaître que la RDA a été un état dictatorial
e Unbeugsamkeit	l'intransigeance, la fermeté
eine herausragende Eigenschaft, -en	la qualité la plus marquante
r Niedergang einer Partei	le déclin d'un parti
e linksliberale Lifestyle-Gesinnung	l'attitude bobo de gauche libertaire
e materielle Besserstellung	l'amélioration des conditions matérielles de vie

KAPITEL 1

Gegen diese Entwicklung polemisiert sie u.a. in ihrem Buch *Die Selbstgerechten*: Der moderne Linksliberalismus habe seine soziale Basis in der gut situierten akademischen Mittelschicht der Großstädte. Er sorgt sich um das Klima, kämpft gegen Rassismus und setzt sich für Emanzipation, Zuwanderung und sexuelle Minderheiten ein. Anhänger dieses Linksliberalismus halten den Nationalstaat für ein Auslaufmodell und sich selbst für Weltbürger. Ein zentraler Bestandteil ihres Weltbildes sei die Identitätspolitik: "Die Identitätspolitik", so heißt es in ihrem Buch, "läuft darauf hinaus, das Augenmerk auf immer kleinere und immer skurrilere Minderheiten zu richten, die ihre Identität jeweils in irgendeiner Marotte finden, durch die sie sich von der Mehrheitsgesellschaft unterscheiden und aus der sie den Anspruch ableiten, ein Opfer zu sein." Kritiker werfen Sahra Wagenknecht Populismus und Ausländerfeindlichkeit vor. Sie selbst sieht sich als Stimme all jener, die traditionell linke Positionen vertreten. Dazu zählt sie wirtschaftliche Chancengleichheit, Verbesserung der Aufstiegschancen, Freiheit der Meinungsäußerung, Primat von Diplomatie und Dialog in der Außenpolitik. Diese Überzeugungen führten Anfang 2024 zur Gründung ihrer "linkskonservativen" Partei BSW. Ihre kontroversen Positionen - Neuausrichtung der Migrations- und Asylpolitik; Ende der Sanktionen gegen Russland; Weigerung, neue US-Raketen in Deutschland zu stationieren - sichern ihr gerade in Ostdeutschland viele Stimmen.

LANDTAGSWAHLEN IN OSTDEUTSCHLAND

Vokabelhilfe

selbstgerecht	prétentieux et bien-pensant
e gut situierte akademische Mittelschicht	la classe moyenne aisée et à fort capital culturel
e Minderheit, -en	la minorité
r Anhänger, - + gén.	le partisan
etw. für ein Auslaufmodell halten (ä/ie/a)	considérer que qqch est dépassé, démodé
r Weltbürger, -	le cosmopolite
r zentrale Bestandteil, -e	la composante essentielle
s Weltbild, -er	l'idéologie
darauf hinaus/laufen (ä/ie/au) (SEIN), etw. zu tun	revenir à dire que
das Augenmerk auf + acc. richten	se focaliser sur qqch
skurril	étrange, bizarre, marginal
e Mehrheitsgesellschaft	la majorité (de la société)
sich von + dat. unterscheiden (ie/ie)	se différencier, se distinguer de qqch
daraus den Anspruch ab/leiten, etw. zu tun	en déduire le droit de faire qqch
e Stimme all jener, die …	le porte-parole, le porte-voix de tous ceux qui…
r (soziale) Aufstieg	l'ascension (sociale)
e Freiheit der Meinungsäußerung	la liberté d'expression
e Neuausrichtung + gén.	la réorientation, la refondation

Kapitel 2:
Alternative für Deutschland

Die Dynamik des deutschen Parteiensystems wird an dem Beispiel AfD besonders gut deutlich. Eine Besonderheit der Bundesrepublik hatte lange Jahre darin bestanden, dass sich weder am äußersten linken noch am äußersten rechten Rand eine Partei dauerhaft hat etablieren können. Das Negativbeispiel der kommunistischen Diktatur im Osten immunisierte die große Mehrheit gegen die Versuchung des Linksextremismus, und die zeitliche Nähe zu den Schrecken der NS-Verbrechen machte es rechtsextremen Parteien schwer. Das lag auch an den Mitte-Rechts-Parteien CDU/CSU, die eine hohe integrative Wirkung bis an den rechten Rand des konservativen Spektrums hatten. Diese Zeiten sind vorbei.

Kurze Geschichte der AfD

Die AfD wurde Anfang 2013 als Reaktion auf die Rettungspolitik gegründet, die die Bundesregierung zusammen mit anderen europäischen Staaten zur Stabilisierung des Euro verfolgte. Die anfangs eurokritische, wirtschaftsliberale und nationalkonservative Professorenvereinigung um Bernd Lucke radikalisierte sich in Teilen vor allem im Zusammenhang mit der Flüchtlingskrise 2015 und der Corona-Krise 2020. Innerparteiliche Machtkonflikte führten zu einer schnellen Ablösung an der Spitze der Partei, die heute von einer Doppelspitze aus Alice Weidel und Tino Chrupalla geführt wird. Aus der folgenden Tabelle geht hervor, dass die AfD vor allem in Ostdeutschland erfolgreich ist. Dort erhält sie bei den Landtagswahlen im Durchschnitt zwei bis drei Mal so viele Stimmen wie in Westdeutschland. Auch auf Bundesebene geht der Trend weiter nach oben: Glaubt man den Umfragen, könnte sie ihren Stimmenanteil bei der nächsten Bundestagswahl im Februar 2025 nahezu verdoppeln.

ALTERNATIVE FÜR DEUTSCHLAND

Vokabelhilfe

am äußersten linken / rechten Rand	à l'extrémité gauche / droite
sich dauerhaft etablieren	s'établir durablement
e kommunistische Diktatur im Osten	la dictature communiste à l'Est
e Versuchung, -en	la tentation
die Schrecken (pl.) der NS-Verbrechen	les horreurs des crimes nazis
r Linksextremismus	l'extrême gauche, l'extrémisme de gauche
e rechtsextreme Partei, -en	le parti d'extrême droite
bis an den rechte Rand des konservativen Spektrums	jusqu'à l'extrémité droite du conservatisme
Diese Zeiten sind inzwischen vorbei.	Cette époque est désormais révolue.
nationalkonservativ	souverainiste
e Rettungspolitik	la politique de sauvetage
zur Stabilisierung des Euro	pour stabiliser l'euro
e Vereinigung	l'association
innerparteiliche Machtkonflikte (pl.)	des luttes intestines pour le pouvoir
jmden ab/lösen	remplacer qn, prendre la place de qn
an der Spitze der Partei	à la tête du parti
e Doppelspitze	la direction bicéphale
zwei Mal so viele Stimmen erhalten (ä/ie/a) wie ...	avoir deux fois plus de suffrages que...
e Umfrage, -n	le sondage

KAPITEL 2

Entwicklung des Stimmenanteils der AfD

	BT-Wahl	LT-Wahl West-dtld	LT-Wahl Ostdtld
2013	4,7		
2016			15,5
2017	12,6	8,3	
2021	10,4		22,4
2022		7,9	
2025 (Umfragen)	17-20		

Einige erklärende Bemerkungen in aller Kürze: Die Zahlen zeigen den Anteil der AfD an den Zweitstimmen bei den Wahlen zum Bundestag (BT) und den Landtagen (LT) in West- und Ostdeutschland. Die Ergebnisse auf Landesebene sind Durchschnittswerte, nachdem die Bürger in allen ostdeutschen Ländern (2016 und 2021) sowie in allen westdeutschen Ländern (2017 und 2022) gewählt hatten. Die Umfragewerte für die vorgezogene Bundestagswahl 2025 sind von Dezember 2024.

Programmatische Aspekte der AfD

Die AfD hat 2016 in einem Grundsatzprogramm ihre politischen Zielsetzungen formuliert, die sich mit großer Wahrscheinlichkeit so oder in ähnlicher Form auch in dem Wahlprogramm für das Jahr 2025 wiederfinden werden. An dieser Stelle sollen lediglich einige wenige markante Programmpunkte zur Sprache kommen, die für die Partei kennzeichnend sind, sie von anderen Parteien unterscheiden und in den Medien breit rezipiert werden:

ALTERNATIVE FÜR DEUTSCHLAND

Vokabelhilfe

r Stimmenanteil, -e einer Partei	le score, le résultat d'un parti
r Anteil + gén. an + dat.	la part de qqch dans qqch
die Zweitstimmen (pl.)	L'électeur a deux voix. La *Erststimme* lui permet de choisir le candidat de sa circonscription qu'il préfère. Avec la *Zweitstimme*, il vote pour la liste du parti de son choix.
r Bundestag	l'assemblé nationale allemande
r Landtag, -e	le parlement régional
r Durchschnittswert, -e	la moyenne
r Umfragewert, -e	le score obtenu lors d'un sondage ; ici : les intentions de vote
e vorgezogene Bundestagswahl	les élections législatives anticipées
s Grundsatzprogramm	le programme qui contient les orientations principales d'un parti
die politischen Zielsetzungen (pl.)	les objectifs et orientations politiques
s Wahlprogramm, -e	le programme électoral
r Programmpunkt, -e	l'aspect du programme
für + acc. kennzeichnend sein	être caractéristique
jmden von + dat. unterscheiden (ie/ie)	distinguer qn de qn d'autre
in den Medien breit rezipiert werden	être repris par les médias fréquemment

KAPITEL 2

- *Europa und die Welt*: Die AfD sieht in der EU "zentralistische Bestrebungen", die die Souveränität Deutschlands einschränken. Sie möchte den Rückbau des europäischen "Bundesstaates" und die Auflösung der Gemeinschaftswährung bzw. eine Volksabstimmung über den Euro. Außerdem will die Partei eine größere Unabhängigkeit von den USA und "die Wiederherstellung eines ungestörten Handels" mit Russland.
- *Migration, Asyl und Leitkultur*: Das Thema Migration und Asyl ist eines der zentralen Themen der AfD. Die Partei ist der Ansicht, dass Deutschland die Kontrolle über die Zuwanderung verloren hat, nicht in der Lage ist, ausreisepflichtige Ausländer abzuschieben, Fehlanreize für eine Einwanderung in die Sozialsysteme bietet und das gesellschaftliche Konfliktpotential und Kriminalitätsproblem verschärft. Sie fordert und fördert eine "deutsche Leitkultur" und sieht in der "Ideologie des Multikulturalismus" eine Gefahr für die "heimische Kultur".
- *Familie*: Die AfD vertritt ein traditionelles Familienbild. Der demographische Wandel soll durch - finanzielle - Anreize für junge Menschen bekämpft werden, mehr Kinder in die Welt zu setzen. Die Abtreibung sollte nach Meinung der Partei "die absolute Ausnahme" bleiben.
- *Demokratie*: Die AfD ist der Ansicht, dass das von den Parteien dominierte "parlamentarische Regierungssystem" die Gewaltenteilung ausgehöhlt habe. Sie fordert u.a. "Volksabstimmungen nach Schweizer Vorbild" und die Direktwahl des Bundespräsidenten durch das Volk.
- *Klima und Energie*: Die AfD zweifelt daran, dass der Klimawandel menschengemacht ist. Sie hält den forcierten Umstieg auf erneuerbare Energien genauso für übereilt wie den Ausstieg aus der Atomkraft.

ALTERNATIVE FÜR DEUTSCHLAND

Vokabelhilfe

e Bestrebung, -en	l'aspiration, la tendance
r Rückbau des europäischen "Bundesstaates"	la déconstruction, le démantèlement de l'état fédéral européen
e Auflösung der Gemeinschaftswährung	la dissolution de la monnaie commune
e Volksabstimmung, -en	le référendum
e Wiederherstellung eines ungestörten Handels mit Russland	la normalisation des relations commerciales avec la Russie
r ausreisepflichtige Ausländer, -	l'étranger sous OQTF (obligation de quitter le territoire français)
jmden ab/schieben (o/o)	éloigner, expulser qn
Fehlanreize für eine Einwanderung in die Sozialsystem bieten (o/o)	mener une politique favorisant l'abus des aides sociales par l'immigration
etw. fordern und fördern	exiger et promouvoir qqch
e deutsche Leitkultur	l'assimilation aux valeurs et pratiques de la culture allemande
heimisch	national, autochthone
e Abtreibung, -en	l'avortement
e Gewaltenteilung	la séparation des pouvoirs
etw. aus/höhlen	saper les fondements de qqch
r menschengemachte Klimawandel	la changement climatique provoqué par l'activité humaine
r Umstieg auf erneuerbare Energien	la transition vers les énergies renouvelables
r Ausstieg aus der Atomkraft	la sortie du nucléaire

KAPITEL 2

Die AfD - nationalkonservativ, rechtspopulistisch oder rechtsextrem?

Die Bewertung der AfD fällt nicht leicht. In der Presse wird sie oft als "rechtspopulistisch und in Teilen rechtsextrem" bezeichnet. Klar ist, dass sie das Projekt Europa als supranationale Organisation ablehnt, dass sie den (traditionellen) Eliten in Politik und Wissenschaft skeptisch gegenübersteht, dass sie in vielen gesellschaftspolitischen Belangen sehr traditionelle Vorstellungen vertritt, die viele für nicht mehr zeitgemäß halten (Familie, Geschlechtergleichheit, Migration, Geschlecht und Sexualität usw.). Die Partei ist ganz zweifellos nationalkonservativ. Ihre Elitenfeindlichkeit und die Lust am Plebiszitären rechtfertigen das Etikett "populistisch". Aber der mediale Eindruck, dass die AfD eine rechtsextreme Partei ist, die die freiheitlich-demokratische Grundordnung grundsätzlich in Frage stellt, hat weniger mit der offiziellen Programmatik der Partei auf Bundesebene zu tun, als mit einzelnen Persönlichkeiten innerhalb der Partei und zahlreichen kontroversen öffentlichen Äußerungen verschiedener AfD-Politiker sowie teils deutlich radikaleren Formulierungen der AfD-Programmatik auf Landesebene.

Björn Höcke und die Skandale der Partei

Hier eine Reihe von Skandalen und Skandalisierung rund um die AfD, die der Partei den Ruf einer rechtsextremen und demokratiefeindlichen Partei eingetragen haben:
- Ende 2022 wurde rund 50 Personen im Umfeld der rechtsextremen Reichsbürgerbewegung festgenommen, weil sie einen Staatsstreich geplant haben sollen. Zu den Verhafteten gehörte auch die AfD-Politikerin Birgit Malsack-Winkemann.

ALTERNATIVE FÜR DEUTSCHLAND

Vokabelhilfe

etw. bewerten	juger, évaluer qqch
"rechtspopulistisch und in Teilen rechtsextrem"	"populiste (de droite) et, en partie, d'extrême droite"
etw. als + acc. bezeichnen	qualifier qqch de
den Eliten in Politik und Wissenschaft skeptisch gegenüber/stehen (and/and)	avoir un regard sceptique sur les élites du monde politique et de la science
traditionelle Vorstellungen vertreten (itt/at/et)	avoir des convictions traditionnelle
in gesellschaftspolitischen Belangen	dans des domaines sociétaux
etw. für (nicht) zeitgemäß halten (ä/ie/a)	penser que qqch n'est plus en phase avec l'époque
s Geschlecht, -er	le sexe (homme, femme)
e Feindlichkeit	l'hostilité
e Lust an + dat.	l'envie, le plaisir de faire qqch
etw. rechtfertigen	justifier qqch
e freiheitlich-demokratische Grundordnung	le régime libéral et démocratique
e Äußerung, -en	le propos, la déclaration
auf Bundesebene / auf Landesebene	à l'échelle nationale / à l'échelle régionale
jmdem den Ruf + gén. ein/tragen (ä/u/a)	valoir à qn l'image de qqch
jmden fest/nehmen (imm/ahm/omm); jmden verhaften	interpeller, arrêter qn
r Staatsstreich, -e	le coup d'état

KAPITEL 2

- Das prominenteste Beispiel für rechtsextreme Tendenzen in der AfD ist aber der Vorsitzende des thüringischen Landesverbandes Björn Höcke. Er greift gern nationalsozialistische Begrifflichkeiten auf. Seine Kritiker sagen, er wolle damit den Nationalsozialismus relativieren oder verharmlosen. 2017 sprach er zum Beispiel mit Blick auf das Holocaust-Mahnmal in Berlin von einem "Denkmal der Schande" und forderte eine erinnerungspolitische Wende um 180 Grad, die das Positive der deutschen Geschichte in den Vordergrund rücke. 2024 wurde er zu einer Geldstrafe verurteilt, weil er die SA-Parole "Alles für Deutschland" bei einer öffentlichen Veranstaltung benutzt hat. In Deutschland ist das Verwenden von "Kennzeichen verfassungswidriger und terroristischer Organisationen" - und dazu zählt auch die nationalsozialistische SA - verboten. Mit diesen bewussten Provokationen will Höcke sich vermutlich als Opfer stilisieren, das die Justiz mundtot machen wolle.

- Ende 2023 haben mehrere AfD-Politiker an einem Treffen in der Nähe von Potsdam teilgenommen. Dort stellte Martin Sellner, eine wichtige Figur der "Identitären Bewegung", das Konzept der "Remigration" vor, d.h. die planmäßige Rückführung von Asylbewerbern, Ausländern mit Bleiberecht und auch "nicht assimilierten [deutschen] Staatsbürgern". Dem Recherchekollektiv Correctiv zufolge belege "dieses Treffen, dass rassistische Einstellungen bis in die Bundesebene der Partei reichen" und "einige Politiker […] auch danach handeln wollen." Die AfD wiederum betont, dass sie "nicht zwischen deutschen Staatsangehörigen mit und ohne Migrationshintergrund" unterscheide, dass sie aber "ausreisepflichtige Ausländer" abschieben und einen "humanitären Aufenthalt" nur so lange gewähren wolle, "wie tatsächlich ein Fluchtgrund" bestehe.

ALTERNATIVE FÜR DEUTSCHLAND

Vokabelhilfe

r Vorsitzende (adj.subst.)	le président (d'une organisation)
r Landesverband, ¨-e	la section régional (d'un parti)
etw. auf/greifen (iff/iff)	reprendre qqch
e Begrifflichkeit, -en	le concept, la notion, le terme
etw. verharmlosen	minimiser qqch
s Holocaust-Mahnmal	le mémorial de l'Holocauste
s "Denkmal der Schande"	le "monument de la honte"
e erinnerungspolitische Wende um 180 Grad	un virage à 180 degré de la politique mémorielle
das Positive der deutschen Geschichte in den Vordergrund rücken	souligner les aspects positifs de l'histoire allemande
jmden zu + dat. verurteilen	condamner qn à qqch
e öffentliche Veranstaltung, -en	la manifestation publique
etw. verwenden	utiliser qqch
s Kennzeichen, -	ici : le symbole
verfassungswidrig	anticonstitutionnel
jmden mundtot machen	faire taire qn
s Bleiberecht	le titre de séjour
etw. belegen	prouver, démontrer qqch
e Einstellung, -en	l'opinion, la conviction
bis + directif reichen	s'étendre jusque

Kapitel 2

- Ein Mitarbeiter von Maximilian Krah, dem AfD-Spitzenpolitiker bei der Europawahl, wurde im April 2024 wegen Spionagetätigkeit für China verhaftet. Maximilian Krah soll außerdem genauso wie Petr Byston, der sich ebenfalls um einen Sitz im EU-Parlament bewarb, illegale Zahlungen aus Russland erhalten haben.
- Im Mai 2024 erklärte Maximilian Krah in einem Interview: "Ich werde nie sagen, dass jeder, der eine SS-Uniform trug, automatisch ein Verbrecher war." Der Satz wurde so oft interpretiert, dass Krah die Verbrechen der SS kleinreden wolle.

Auf Betreiben des Rassemblement national, das in Frankreich um Respektabilität bemüht ist, wurde die AfD aufgrund der negativen Außendarstellung aus der gemeinsamen Fraktion im Europaparlament ("Patrioten für Europa") ausgeschlossen.

Wehrhafte Demokratie, Verfassungsschutz und die Frage eines Parteiverbots

Die Weimarer Republik, die erste deutsche Demokratie, war an ihren Feinden gescheitert. Deswegen sollte der Staat in der Bundesrepublik die Möglichkeiten besitzen, sich gegen seine Feinde zur Wehr zu setzen. Zu diesem Konzept der "wehrhaften Demokratie" gehört auch das Bundesamt für Verfassungsschutz und seine Landesämter. Es handelt sich um einen Inlandsgeheimdienst, dessen Aufgabe darin besteht, politische Bestrebungen zu erkennen und zu bekämpfen, die sich gegen die demokratische Grundordnung richten. Je nach dem, ob der Verfassungsschutz eine Partei als Prüffall, Verdachtsfall oder gesichert extrem einstuft, hat er mehr oder weniger umfangreiche Mittel, um diese Partei zu beobachten. Im Jahre 2021 hat der Bundesverfassungsschutz die AfD auf Bundesebene als rechtsextremistischen Verdachtsfall eingestuft.

ALTERNATIVE FÜR DEUTSCHLAND

Vokabelhilfe

sich um einen Sitz im EU-Parlament bewerben (i/a/o)	être candidat pour être élu au Parlement européen
r Verbrecher, -	le criminel
etw. klein/reden	minimiser, relativiser qqch
auf Betreiben + gén.	à l'initiative de qn
um + acc. bemüht sein	s'efforcer de
e negative Außendarstellung	l'image négative
e Fraktion	le groupe parlementaire
jmden aus + acc. aus/schließen (oss/oss)	exclure qn de qqch
e wehrhafte Demokratie	un régime démocratique qui se donne les moyens de ses défendre contre ses adversaires
s Bundesamt für Verfassungsschutz	les renseignements intérieurs
sich gegen + acc. zur Wehr setzen	se défendre contre qqch
r Inlandsgeheimdienst, -e	les renseignements intérieurs
e Bestrebung, -en	l'aspiration, la tendance
sich gegen + acc. richten	se diriger contre qqch
je nach dem, ob …	en fonction de qqch
etw. prüfen	examiner qqch
r Verdacht	le soupçon
etw. als + acc. ein/stufen	considérer qqch comme
umfangreiche Mittel (pl.)	des ressources importantes

KAPITEL 2

Hier der aktuelle Beobachtungsstatus der AfD, der Jugendorganisation Junge Alternative und der Landesverbände durch den Verfassungsschutz:

	Prüffall seit	Verdachtsfall seit	gesichert extrem seit
Bundesverband		März 2022	
Junge Alternative			Februar 2024
Nordrhein-Westfalen	-	-	-
Saarland	-	-	-
Berlin	-	-	-
Hamburg	-	-	-
Schleswig-Holstein	-	-	-
Mecklenburg-Vorpommern	Januar 2019		
Brandenburg		Juni 2020	
Bayern		Juni 2022	
Niedersachsen		Juni 2022	
Bremen		Juni 2022	
Baden-Württemberg		Juli 2022	
Hessen		September 2022	
Thüringen			Mai 2021
Sachsen-Anhalt			November 2023
Sachsen			Dezember 2023

Quelle: Statista, Dezember 2024.

ALTERNATIVE FÜR DEUTSCHLAND

Vokabelhilfe

r Bundesverband	le parti à l'échelle nationale
r Landesverband, ¨-e	la section régionale du parti

Kapitel 2

Aufgrund dieser Entwicklung wurde und wird die Frage aufgeworfen, ob die Partei verboten werden sollte. 113 Parlamentarier haben im November 2024 einen "Antrag auf Entscheidung des Deutschen Bundestages über die Einleitung eines Verfahrens zur Feststellung der Verfassungswidrigkeit" der AfD eingereicht. Es wird also eine Abstimmung über diese Frage im Bundestag geben. Sollte eine Mehrheit der Abgeordneten dem Antrag zustimmen, müsste das Bundesverfassungsgericht sich mit der Frage befassen. Die Hürden für ein Parteiverbot sind allerdings hoch, und ein Verbotsverfahren würde lange dauern. Außerdem fürchten einige Experten, dass ein solches Verfahren die AfD-Wähler in ihrer Anti-Establishment-Haltung bestärken und sich die AfD als Opfer der etablierten Parteien darstellen könnte, die keine Konkurrenz ertragen.

Zur Information: In der Geschichte der Bundesrepublik wurden zwei Parteien verboten, die SRP (Sozialistische Reichspartei) 1952 und die KPD (Kommunistische Partei Deutschlands) 1956. 2017 lehnte das Bundesverfassungsgericht ein Verbot der rechtsextremen NPD (Nationaldemokratische Partei Deutschlands) ab.

ALTERNATIVE FÜR DEUTSCHLAND

<u>Vokabelhilfe</u>

eine Frage auf/werfen (i/a/o)	soulever la question
einen Antrag ein/reichen	faire une demande officielle
ein Verfahren ein/leiten	engager une procédure
die Verfassungswidrigkeit fest/stellen	constater le caractère anticonstitutionnel de qqch
e Abstimmung, -en	le vote, la consultation
einer S. zu/stimmen	approuver qqch
r Abgeordnete (adj.subst.)	le député
s Bundesverfassungsgericht	la cour constitutionnelle
sich mit der Frage befassen	étudier la question
e Hürde, -n	la barrière, l'obstacle
e Haltung, -en	l'attitude
jmden in + dat. bestärken	conforter qn dans qqch
s Opfer, -	la victime

KAPITEL 3:
MIGRATION UND FLUCHT

Dass die AfD so schnell so erfolgreich werden konnte, lag zweifellos an einer schnellen Abfolge von Krisen, die bei einem Teil der Deutschen für eine wirtschaftliche und kulturelle Verunsicherung gesorgt haben. Vor allem die Flüchtlingskrise 2015 war in diesem Zusammenhang von Bedeutung, auch wenn Deutschland ein Einwanderungsland war, lange bevor Angela Merkel 2015 die Öffnung der Grenzen beschloss.

Arbeitsmigration, Familienzusammenführung, individuelle Verfolgung und kollektive Fluchtursachen

Die Zuwanderung in die Bundesrepublik verlief in mehreren Phasen und umfasste unterschiedliche Formen der Migration. Hier die tabellarisch dargestellte Entwicklung der Zahl der Ausländer und ihres Anteils an der Gesamtbevölkerung:

	Anzahl in Millionen	Anteil in Prozent
1970	2,7	4,5
1980	4,6	7,4
1990	5,6	7,0
2000	7,3	8,9
2010	7,2	8,8
2020	10,6	12,7
2023	13,9	16,4

Quelle: Bundesamt für Bevölkerungsforschung, Statistisches Bundesamt

MIGRATION UND FLUCHT

Vokabelhilfe

e Flucht	la fuite
e schnelle Abfolge von Krisen	la succession rapide de crises
e Verunsicherung	la remise en question, l'incertitude, l'inquiétude
e Flüchtlingskrise	la crise des migrants
s Einwanderungsland, ¨-er	le pays d'immigration
e Öffnung der Grenzen	l'ouverture des frontières
e Arbeitsmigration	la migration de travail
e Familienzusammenführung	le regroupement familial
e Verfolgung	la persécution
e Fluchtursache, -n	la cause qui incite les gens à quitter leur pays
e Zuwanderung in die Bundesrepublik	l'immigration en RFA
verlaufen (äu/ie/au) (SEIN)	se faire, se dérouler
etw. umfassen	comprendre qqch
e Zahl der Ausländer	le nombre d'étrangers
r Anteil an der Gesamtbevölkerung	la part dans l'ensemble de la population
e Forschung, -en	la recherche

Kapitel 3

Seit Ende der 50er Jahre kamen im Rahmen bilateraler Abkommen Zuwanderer aus Süd- und Südosteuropa sowie der Türkei in die Bundesrepublik. Damals nannte man sie "Gastarbeiter", weil man davon ausging, dass diese Arbeitsmigranten später wieder in ihre Heimat zurückkehren würden. Viele blieben jedoch in Deutschland, und diese Arbeitsmigration wurde ergänzt durch Angehörige, die im Rahmen der Familienzusammenführung nachzogen.

Andere Gründe der Migration sind individuelle Verfolgung etwa aufgrund politischer Überzeugungen, der Religion oder ethnischer Zugehörigkeit sowie kollektive Fluchtursachen wie z.B. Krieg. Die Zuwanderung in den 1990er Jahren ist eine Folge des Zerfalls von Jugoslawien und der dort geführten Kriege. Und gewalttätige Konflikte sind auch der Grund für den Anstieg der Flüchtlingszahlen vor allem ab 2015 und 2022, als wegen des Krieges in Syrien bzw. des russischen Angriffs auf die Ukraine viele Menschen ihr Land verließen. Tatsächlich hat sich seit 2010 der Ausländeranteil in Deutschland nahezu verdoppelt, und rund ein Viertel der 84 Millionen Einwohner hat Migrationshintergrund. Heute leben 5,5 Millionen muslimische Glaubensangehörige in Deutschland, das sind 6,6% der Gesamtbevölkerung.

Zwischen Willkommenskultur und Angst vor Überfremdung

Zwei Sätze haben die Krise 2015 im kollektiven Bewusstsein überdauert. Merkel sprach am 31. August 2015 den inzwischen berühmten Satz: "Wir haben so vieles geschafft, wir schaffen das!" Und eine der führenden Politikerinnen der Grünen, Katrin Göring-Eckhardt, sagte im November: "Unser Land wird sich ändern, und zwar drastisch. Und ich freue mich darauf!" Inzwischen ist die anfängliche Begeisterung einer gewissen Ernüchterung gewichen, und der Nutzen der Zuwanderung angesichts von alternder Gesellschaft und Fachkräftemangel tritt vor den Kosten in den Hintergrund.

MIGRATION UND FLUCHT

Vokabelhilfe

im Rahmen bilateraler Abkommen (gén.pl.)	dans le cadre d'accords bilatéraux
r Gastarbeiter, -	le "travailleur invité"
r Arbeitsmigrant, -en	le travailleur immigré
r Angehörige (adj.subst.)	le proche, le membre de la famille
e Familienzusammenführung	le regroupement familial
nach/ziehen (og/og)	suivre, rejoindre qn en s'installant à un endroit
e individuelle Verfolgung, -en	la persécution individuelle
e ethnische Zugehörigkeit	l'appartenance ethnique
e kollektive Fluchtursache, -n	la cause qui incite les gens collectivement à quitter leur pays
r Zerfall von Jugoslawien	la désintégration de la Yougoslavie
r Anstieg der Flüchtlingszahlen	la hausse du nombre de réfugiés
Migrationshintergrund haben	être issu de l'immigration
r muslimische Glaubensangehörige (adj.subst.)	le membre de la communauté religieuse musulmane
e Willkommenskultur	la "culture de la bienvenue", la "culture de l'accueil"
e Angst vor Überfremdung	la peur de perdre son identité culturelle à cause d'un nombre trop important d'étrangers
e anfängliche Begeisterung	l'enthousiasme initial
e Ernüchterung	le désenchantement, la désillusion
r Fachkräftemangel	le manque de main d'œuvre qualifiée

KAPITEL 3

Grundschüler: Große Lernverluste

Durchschnittlich erreichte Punktzahl von Viertklässlern in Deutschland, Durchschnittswert im Jahr 2011 = 500 Punkte

■ Insgesamt   ■ Ohne Zuwanderungshintergrund
■ Zweite Generation   ■ Erste Generation

Fach	Jahr	Insgesamt	Ohne Zuwanderungshintergrund	Zweite Generation	Erste Generation
Lesen	2011	500	514	461	457
	2016	493	512	465	426
	2021	471	497	438	394
Zuhören	2011	500	518	448	445
	2016	484	510	440	401
	2021	456	494	404	348
Rechtschreibung	2016	500	511	494	446
	2021	473	491	461	415
Mathematik	2011	500	515	461	460
	2016	483	502	459	431
	2021	462	487	434	400

Zweite Generation: Beide Elternteile sind im Ausland geboren, das Kind ist in Deutschland geboren
Erste Generation: Beide Elternteile und das Kind sind im Ausland geboren

Rechtschreibung: keine Angaben für das Jahr 2011; Durchschnittswert im Jahr 2016 = 500 Punkte

Quelle: Institut zur Qualitätsentwicklung im Bildungswesen
© 2022 IW Medien / iwd

iwd

MIGRATION UND FLUCHT

Vokabelhilfe

eine Punktzahl erreichen	avoir, obtenir un score
r Durchschnittswert, -e	la moyenne
r Viertklässler, -	l'élève du dernière niveau de l'école primaire
e Rechtschreibung	l'orthographe
r Elternteil, -e	le parent
keine Angaben (pl.)	sans données

KAPITEL 3

Tatsächlich wird der erste Satz Angela Merkel noch heute als Beweis dafür vorgehalten, dass sie die Konsequenzen der Grenzöffnung unterschätzt habe. Und die Äußerung der Grünen-Politikerin gilt vielen rückblickend als Beleg für die Naivität der Verfechter einer Willkommenskultur oder alimentiert gar Verschwörungserzählungen rund um einen "Großen Austausch". Wenn in der letzten Zeit von Migration die Rede war, ging es zumeist um die Frage der Kosten, der Belastung für die Schule, der Infragestellung grundlegender bundesrepublikanischer Werte, der Sicherheit und des staatlichen Kontrollverlusts.

- *Bürgergeld*: Vier Millionen erwerbsfähige und knapp 1,6 Millionen nicht erwerbsfähige Personen beziehen das sogenannte Bürgergeld, d.h. eine soziale Grundsicherung in Höhe von 563 € (Stand: 2024) für eine alleinstehende Person. Dazu kommen noch Hilfen für Wohnen und Heizen, die je nach Wohnort unterschiedlich hoch sein können. Etwa die Hälfte der Bürgergeldempfänger hat keine deutsche Staatsangehörigkeit. Das ist gemeint, wenn Kritiker einer ungesteuerten Migration von einer Einwanderung in die Sozialsysteme sprechen.
- *Schule*: Nicht nur die PISA-Studie zeigt, dass das Leistungsniveau der Schüler insgesamt gesunken ist. Allerdings unterscheiden sich, wie die folgende Tabelle zeigt, die Schulleistungen von Grundschülern ohne Migrationshintergrund und Kindern aus der zweiten bzw. ersten Zuwanderergeneration zum Teil deutlich. Dass ein massiver Anstieg der Zuwanderung in nur wenigen Jahren nicht ohne Folgen für die Qualität des Bildungssystems bleiben kann, scheint ein erwartbarer Effekt zu sein, der aber womöglich nicht hinreichend antizipiert worden ist. Ein krasses Beispiel: In einer Grundschule in Ludwigshafen erfüllten 2024 30% der Erstklässler nicht die Voraussetzungen für die 2. Klasse.

MIGRATION UND FLUCHT

Vokabelhilfe

r Verfechter, - + gén.	le partisan, l'avocat de qqch
e Verschwörung, -en	la conspiration
r "Große Austausch"	le "grand remplacement"
e Infragestellung grundlegender Werte (gén.pl.)	la remise en question des valeurs fondamentales
r staatliche Kontrollverlust, -e	la perte du contrôle de l'État
s Bürgergeld	l'équivalent du RSA (revenu de solidarité active)
erwerbsfähige Personen (pl.)	les personnes actives (en âge de travailler et aptes à travailler)
etw. beziehen (og/og)	toucher qqch (une somme d'argent)
e soziale Grundsicherung	le revenu minium
e alleinstehende Person, -en	la personne célibataire
s Heizen	le chauffage
je nach Wohnort	selon le lieu d'habitation
r Bürgergeldempfänger, -	l'ayant droit du *Bürgergeld*
e Staatsangehörigkeit, -en	la nationalité
e ungesteuerte Migration	l'immigration non contrôlée
e Einwanderung in die Sozialsysteme	l'immigration pour bénéficier des allocations sociales
s Leistungsniveau der Schüler	le niveau de compétence des élèves
r Grundschüler, -	l'élève du primaire
e Qualität des Bildungssystems	la qualité du système éducatif
die Voraussetzungen (pl.) für die 2. Klasse nicht erfüllen	ne pas avoir le niveau pour passer en CE1

Kapitel 3

- *"Importierter" Antisemitismus*: Der Begriff bezieht sich darauf, dass Antisemitismus unter Muslimen aus arabischsprachigen Ländern weiter verbreitet ist als in den übrigen Bevölkerungskategorien und dass dieser Antisemitismus durch den Nahost-Konflikt befeuert wird. Nach dem Massaker der Hamas vom 7. Oktober 2023 in Israel, bei dem 1.300 Menschen getötet wurden, kam es in Deutschland zu propalästinensischen Demonstrationen, auf denen israelfeindliche Parolen skandiert wurden. Die Zahl der antisemitischen Vorfälle ist seit dem 7. Oktober sprunghaft gestiegen. Im November 2024 hat die Berliner Polizeipräsidentin Juden und Homosexuellen geraten, bestimmte Viertel zu meiden, in denen "mehrheitlich arabischstämmige Menschen wohnen, die auch Sympathien für Terrorgruppen hegen". Die Verantwortung, die sich für Deutschland aus den Nazi-Verbrechen ergibt, und die Sicherheit jüdischen Lebens in Deutschland und in Israel sind Grundwerte deutscher Politik. Deswegen sieht das neue Einbürgerungsgesetz vor, dass sich jeder Antragsteller zu diesen Werten bekennen muss, um die deutsche Staatsbürgerschaft zu erhalten.
- *Sicherheit*: Medien berichten regelmäßig über Gewalttaten, die islamistisch motiviert sind oder von muslimischen Flüchtlingen bzw. Asylbewerbern verübt wurden. Der blutigste Anschlag geschah 2016 auf dem Weihnachtsmarkt in Berlin. Der Tunesier Anis Amri, der während der Flüchtlingskrise unter falschen Angaben nach Deutschland eingereist war, tötete 13 Menschen und verletzte 60 weitere Personen. Zuletzt sorgte eine Messerattacke in Solingen im August 2024 für Erschütterung. Der Täter tötete drei Menschen und verletzte acht weitere Personen. Er war 2022 aus Syrien nach Deutschland gekommen, sein Asylantrag war abgelehnt worden und er hätte abgeschoben werden müssen. Der Bundesverfassungsschutz geht von einer Gruppe von stabil 27.000 Islamisten in Deutschland aus.

MIGRATION UND FLUCHT

Vokabelhilfe

Muslime aus arabischsprachigen Ländern	les musulmans originaires de pays arabophones
die übrigen Bevölkerungskategorien (pl.)	les autres populations
e propalästinensische Demonstration, -en	la manifestation propaléstinienne
israelfeindliche Parolen skandieren	crier des slogans anti-israéliens
e Zahl der antisemitischen Vorfälle	le nombre d'incidents antisémites
r Jude, -n	le juif
bestimmte Viertel meiden (ie/ie)	éviter certains quartiers
arabischstämmige Menschen	des habitants d'origine arabe
Sympathien für + acc. hegen	avoir de la sympathie pour qqch
s Verbrechen, -	le crime
e Sicherheit jüdischen Lebens	la sécurité de la communauté juive
s Einbürgerungsgesetz, -e	la loi de naturalisation
r Antragsteller, -	le demandeur (demande officielle)
sich zu diesen Werten bekennen (annt/annt)	reconnaître (publiquement) adhérer à ces valeurs
eine Gewalttat verüben	commettre un acte violent
r Anschlag, ¨-e	l'attentat
e Messerattacke, -n	l'attaque au couteau
einen Asylantrag ab/lehnen	rejeter une demande d'asile
jmden ab/schieben (o/o)	expulser, reconduire an à la frontière
r Bundesverfassungsschutz	les renseignements intérieurs

KAPITEL 3

- *Staatlicher Kontrollverlust*: Diese und ähnliche Fälle sind Wasser auf die Mühlen der Kritiker der Asyl- und Migrationspolitik der letzten Jahre. Die Sicherheit der Außengrenzen und die innere Sicherheit gehören zu den Kernkompetenzen, die einen Staat ausmachen. Wenn ein späterer Straftäter unter falschem Namen einreisen kann oder ein Asylbewerber abgelehnt, aber trotz richterlichen Beschlusses nicht abgeschoben wird und dann eine Straftat begeht, stellt sich natürlich die Frage nach den Verantwortlichkeiten.
- *Anschlag von Magdeburg*: Der Anschlag auf den Magdeburger Weihnachtsmarkt unterscheidet sich zwar von anderen von Zuwanderern verübten Gewalttaten. Die Fragen, die er aufwirft, sind jedoch dieselben. Die Fakten: Am 20. Dezember 2024 fährt Taleb A. mit einem Auto und mit hoher Geschwindigkeit in eine Menschenmenge auf dem Weihnachtsmarkt in Magedeburg. Er tötet sechs Personen, darunter ein neunjähriges Kind, und verletzt 299 Menschen, manche davon lebensgefährlich. Taleb A. stammt aus Saudi-Arabien, studierte Medizin, lebt seit 2006 in Deutschland, präsentierte sich als radikaler Kritiker des Islam und half islamkritischen Flüchtlingen. Er stellte 2016 einen Asylantrag, der noch im selben Jahr akzeptiert wurde. Der Unterschied zu anderen Gewalttaten ist die Motivation des Täters, der kein Islamist ist. Im Gegenteil: Er hatte sich immer wieder islamfeindlich geäußert. Andererseits wurden Ermittlungsbehörden in der Vergangenheit mehrfach auf Taleb A. aufmerksam, u.a. weil er mit einem Anschlag gedroht hatte. Der psychisch labile Mann wurde aber offenbar nicht als eine konkrete Gefahr angesehen. Außerdem stellt sich auch die Frage, ob sich das Attentat hätte ereignen können, wenn der Weihnachtsmarkt besser gesichert gewesen wäre.

MIGRATION UND FLUCHT

Vokabelhilfe

r Fall, ¨-e	le cas
Wasser auf die Mühlen + gén. sein	apporter de l'eau au moulin de qqch
e Asyl- und Migrationspolitik	la politique migratoire et la politique d'asile
e Sicherheit der Außengrenzen	la sécurité des frontières extérieures
e innere Sicherheit	la sécurité intérieure
e Kernkompetenz, -en	la compétence essentielle
r Straftäter, -	l'auteur d'un crime
unter falschem Namen ein/reisen (SEIN)	entrer (dans un pays) sous une fausse identité
r Asylbewerber, -	le demandeur d'asile
r richterliche Beschluss, ¨-e	la décision d'un tribunal
eine Straftat, -en begehen (ing/ang) (SEIN)	commettre un crime, un délit
mit hoher Geschwindigkeit in eine Menschenmenge fahren (ä/u/a) (SEIN)	foncer dans une foule à grande vitesse
einen Asylantrag stellen	demander l'asile
sich immer wieder islamfeindlich äußern	tenir des propos islamophobes répétés
die Ermittlungsbehörden (pl.)	les administrations chargées d'élucider des crimes et des délits (parquet, police, renseignements)
auf jmden aufmerksam werden	s'intéresser à qn
mit einem Anschlag drohen	menacer de commettre un attentat
r psychisch labile Mann	l'homme psychologiquement fragile

KAPITEL 3

Kampf gegen Asylmissbrauch in Deutschland und Asylreform in der EU

Die Erfolge der populistischen Parteien in ganz Europa haben sowohl in den einzelnen Staaten als auch auf EU-Ebene zu einer hektischen Betriebsamkeit geführt. Nach dem Messerangriff von Solingen hat die Bundesregierung beispielsweise - ohne Absprache mit den europäischen Partnern - angekündigt, an den Grenzen Kontrollen durchzuführen. Ziel ist, potenzielle Asylbewerber gar nicht erst nach Deutschland einreisen zu lassen. Gleichzeitig wurde ebenfalls angekündigt, abgelehnte Asylbewerber schneller und systematischer abzuschieben. Schon nach den Zugewinnen der AfD bei den Landtagswahlen in Hessen und Bayern Ende 2023 war der Ton in der Migrationsdebatte schärfer geworden. Damit Deutschland in den Augen von Asylsuchenden weniger attraktiv erscheint, wurde Ende 2023 beschlossen die Sozialleistungen nur noch über eine Bezahlkarte auszuzahlen. Das soll verhindern, dass das Geld ins Ausland gelangt und Schleuser finanziert werden. Auch die EU wurde in der Migrationsfrage aktiv. Eine grundlegende Änderung der Asylpraxis wurde im Sommer 2024 auf EU-Ebene beschlossen. Die Asylreform beinhaltet folgende Maßnahmen:

- Asylsuchende werden an den europäischen Außengrenzen kontrolliert und registriert. Diejenigen, deren Asylaussichten gering sind, weil die Anerkennungsquote von Antragstellern aus diesen Ländern bei maximal 20% liegt, sollen nicht in die EU einreisen dürfen. In den "Asylzentren" in Grenzlage können die Asylsuchenden bis zu 12 Wochen untergebracht werden.
- Die Liste der sogenannten "sicheren Drittstaaten" wird erweitert, sodass eine leichtere Abschiebung möglich wird.

MIGRATION UND FLUCHT

Vokabelhilfe

r Asylmissbrauch	l'abus de l'asile
e Asylreform	la réforme de l'asile
die Erfolge (pl.) der populistischen Parteien	le succès, la progression des partis populistes
zu einer hektischen Betriebsamkeit führen	déclencher un activisme frénétique
ohne Absprache mit den europäischen Partnern	sans consulter, sans avoir consulté les pays européens partenaires
Kontrollen an den Grenzen durch/führen	réaliser des contrôles aux frontières
die Zugewinne (pl.) der AfD bei den Landtagswahlen	la progression de l'AfD lors des élections régionales
Der Ton in der Migrationsdebatte wird schärfer.	Le ton du débat sur l'immigration se durcit.
Sozialleistungen nur noch über eine Bezahlkarte aus/zahlen	ne plus verser les allocations sociales que sur une carte de paiement
ins Ausland gelangen (SEIN)	ici: être transféré à l'étranger
r Schleuser, -	le passeur
r Asylsuchende (adj.subst.)	le demandeur d'asile
die europäischen Außengrenzen (pl.)	les frontières européennes extérieures
e Anerkennungsquote, -n	le taux de reconnaissance
in die EU einreisen dürfen	avoir le droit d'entrer sur territoire de l'UE
jmden unterbringen (acht/acht)	loger qn
r sichere Drittstaat, -en	le pays tiers sûr

KAPITEL 3

- Die Geflüchteten sollen in Zukunft gerechter zwischen den einzelnen europäischen Mitgliedstaaten verteilt werden, um zu vermeiden, dass einige wenige Länder die Last der Asylverfahren tragen müssen.
- Eine Krisenverordnung sieht vor, dass im Falle einer großen Flüchtlingswelle die Asylsuchenden 18 Wochen an den Außengrenzen festgehalten werden können und dass dieses Verfahren auch für Antragsteller aus Ländern gilt, deren Anerkennungsquote bei 50% liegt.

Die allgemeine Richtung ist also klar: Es soll verhindert werden, dass sich Zuwanderungswillige über das Asylverfahren in die EU-Länder einreisen können in der Hoffnung, selbst im Falle einer Ablehnung des Asylantrags geduldet zu werden.

MIGRATION UND FLUCHT

Vokabelhilfe

r Geflüchtete (adj.subst.) — le réfugié

etw. verteilen — répartir qqch

s Asylverfahren, - — la procédure d'asile

e Krisenverordnung, -en — la réglementation en cas de crise

e Flüchtlingswelle, -n — la vague de réfugiés

jmden fest/halten (ä/ie/a) — retenir qn

e allgemeine Richtung — la direction générale

r Zuwanderungswillige (adj.subst.) — celui qui souhaite s'installer dans un autre pays

e Ablehnung des Asylantrags — le rejet de la demande d'asile

jmden dulden — tolérer qn

Kapitel 4:
Angela Merkel

Im Dezember 2021 endete die sechzehnjährige Amtszeit von Bundeskanzlerin Angela Merkel (CDU). Seitdem hält sie sich diskret im Hintergrund. Nur zwei Mal stand sie wieder im Rampenlicht der Öffentlichkeit: zu ihrem 70. Geburtstag, als ihre Partei die Lebensleistung der Altkanzlerin in einem Festakt würdigte, und aus Anlass der Veröffentlichung ihrer Memoiren mit dem Titel *Freiheit*, die sie im In- und Ausland intensiv beworben hat. Abgesehen davon machte sie sich in der Öffentlichkeit rar. Aber trotz dieser medialen Zurückhaltung war die Kanzlerin außer Dienst implizit oder explizit bei allen wichtigen Debatten präsent. Auch wenn ihr Name nicht fiel, war sie stets, wie der Engländer sagt, *the elephant in the room*. Drei Jahre nach ihrem Rückzug aus der Politik ist die Tonlage deutlich kritischer geworden. Tatsächlich hat sich die Bundesrepublik unter Angela Merkel vermutlich so rasant und tiefgreifend verändert wie selten zuvor in ihrer Geschichte. Angela Merkels Pragmatismus, ihre Fähigkeit, über alle politischen Diskrepanzen hinweg Kompromisse zu finden, ihre stabilisierende Wirkung angesichts der schnellen Abfolge von Krisen, ihre Unaufgeregtheit und Ruhe, ihre unbestrittene Integrität, die wirtschaftlichen Erfolge usw.: all das scheint inzwischen weniger schwer ins Gewicht zu fallen als ihre tatsächlichen Versäumnisse, ihre mutmaßlichen Fehleinschätzungen und die teils gravierenden, aber unbeabsichtigten Folgen ihres Handelns.

ANGELA MERKEL

Vokabelhilfe

e sechzehnjährige Amtszeit	ici : les seize ans passés à la chancellerie
sich im Hintergrund halten (ä/ie/a)	rester discret, ne pas se mettre en avant
im Rampenlicht der Öffentlichkeit stehen (and/and)	être sous le feu des projecteurs
die Lebensleistung + gén. würdigen	rendre hommage à l'œuvre de qn
aus Anlass + gén.	à l'occasion de qqch
ein Buch bewerben (i/a/o)	promouvoir un livre
sich in der Öffentlichkeit rar machen	se montrer rarement en public
e Zurückhaltung	la retenue, la réserve
e Kanzlerin außer Dienst; e Altkanzlerin	l'ancienne chancelière
r Rückzug aus der Politik	le départ de la vie politique
Die Tonlage ist deutlich kritischer geworden.	Le ton est devenu bien plus critique.
sich tiefgreifend verändern	changer en profondeur
e Wirkung, -en	l'effet
e schnelle Abfolge von Krisen	la succession rapide de crises
e Unaufgeregtheit	le sang-froid, la sérénité
weniger schwer ins Gewicht fallen (ä/ie/a) (SEIN) als …	peser moins lourd que…
s Versäumnis, -se	l'erreur, le manquement
mutmaßlich	supposé, probable
e Fehleinschätzung, -en	l'erreur de jugement

KAPITEL 4

Was man Angela Merkel heute vorwirft

Im Folgenden werden einige Punkte behandelt, in denen die Rolle Merkels regelmäßig kritisch erwähnt wird:
- *A.M. und ihre Partei*: Der langjährige bayerische Ministerpräsident F. J. Strauß (CSU) sagte 1987, dass es rechts von der CDU keine demokratisch legitimierte Partei geben dürfe. Unter Angela Merkel ist rechts von den Unionsparteien die AfD entstanden und groß geworden. Kritiker machen Angela Merkel dafür verantwortlich, weil sie ihre Partei inhaltlich "entkernt", "sozialdemokratisiert", nach links gerückt habe. An Beispielen mangelt es nicht. Früher vertrat die Partei ein traditionelles Familienmodell; unter Merkel wurden Krippenplätze ausgebaut, die Erwerbstätigkeit der Frauen gefördert, ihre Gleichstellung (Frauenquote in Aufsichtsräten und Vorständen) unterstützt und die "Ehe für alle" legalisiert. Als die rot-grüne Regierung im Jahre 2000 IT-Spezialisten aus Indien anwerben wollte, hieß es aus den Reihen der CDU "Kinder statt Inder" und 2010 hatte Angela Merkel noch erklärt, "Mutikulti" sei gescheitert; fünf Jahre später öffnete sie die Grenzen für Flüchtlinge in dem Bewusstsein, dass dies das Land verändern werde. 2010 hatte die Kanzlerin die Laufzeiten der Atomkraftwerke verlängert; 2011 beschloss sie nach Fukushima den Atomausstieg vorzuziehen, der zwangsläufig zu höheren Energiepreisen führen würde. Die CDU sah sich stets als eine unternehmernahe Partei; 2014 führte sie, auf Druck der SPD, den Mindestlohn ein. All diese Entscheidungen erhöhten die Koalitionsoptionen der CDU, machten es aber auch der AfD leichter, enttäuschte konservative, traditionell denkende Wähler anzuziehen und sich rechts von der CDU dauerhaft zu verankern. Angesichts der Erfolge der AfD hat die CDU unter dem Parteivorsitzenden Friedrich Merz inzwischen eine Kehrtwende vollzogen, um wieder ein klares konservatives Profil sichtbar zu machen.

ANGELA MERKEL

Vokabelhilfe

r Ministerpräsident, -en	le chef de gouvernement d'un *Land*
die Unionsparteien (pl.)	la CDU et la CSU
entstehen (and/and) (SEIN)	naître (figuré), apparaître
die CDU "entkernen"	vider (le programme de) la CDU
die CDU "sozialdemokratisieren"	"gauchiser" la CDU
Krippenplätze aus/bauen	augmenter le nombre de place en crèche
die Erwerbstätigkeit der Frauen fördern	encourager l'activité des femmes
e Frauenquote in Aufsichtsräten und Vorständen	le quota de femmes à la direction et dans les conseils de surveillance des entreprises
e "Ehe für alle"	le mariage pour tous
IT-Spezialisten aus Indien an/werben (i/a/o)	faire venir des informaticiens d'Inde
die Laufzeiten der Atomkraftwerke verlängern	prolonger la durée d'exploitation des centrales nucléaires
den Atomausstieg vor/ziehen (og/og)	avancer la sortie du nucléaire
e unternehmernahe Partei	le parti proche des entreprises
den Mindestlohn ein/führen	créer le salaire minimum
traditionell denkende Wähler an/ziehen (og/og)	attirer des électeurs traditionalistes
sich rechts von der CDU dauerhaft verankern	s'établir durablement à droite de la CDU
eine Kehrtwende vollziehen (og/og)	accomplir un revirement

KAPITEL 4

- *A.M. und die Autokraten dieser Welt*: Montesquieu schrieb im 17. Jahrhundert von dem *doux commerce*. Das Konzept bestand in der Annahme, dass Handelsbeziehungen den Umgang der Menschen und Länder miteinander sanfter, rücksichtsvoller, zivilisierter machen würden. Einen ganz ähnlichen Ansatz hat die rohstoffarme Exportnation Bundesrepublik Deutschland in außenpolitischer und außenwirtschaftlicher Hinsicht seit Jahrzehnten verfolgt. Dieses Leitprinzip galt auch für Angela Merkel und ihren Vorgänger im Kanzleramt, Gerhard Schröder (SPD). Die deutsche Bezeichnung für dieses Konzept lautet: "Wandel durch Handel". Unter Angela Merkel hatte es eine doppelte Stoßrichtung: Zum einen sollten durch wirtschaftliche Verflechtung wechselseitige Abhängigkeiten geschaffen werden, um respektvolle Beziehungen zu begründen oder zumindest eine friedliche Koexistenz zu ermöglichen. Zum anderen hoffte Angela Merkel am Anfang ihrer Amtszeit, durch enge Handelsbeziehungen das autokratische China "demokratischer" und respektvoller im Umgang mit anderen Ländern machen zu können. Das Regime ist aber nach innen immer noch so autoritär wie zuvor und nach außen aggressiver denn je. Der Abbau der rechtsstaatlichen Strukturen in Hongkong ist ein Beispiel dafür genau wie der Umgang mit der uigurischen Minderheit. Und die Übernahme eines Teils der Infrastrukturen im Hamburger Hafen durch den chinesischen Staatskonzern Cosco zeigt Kritikern zufolge, dass die deutsche Politik gegenüber China in den letzten Jahren zu naiv gewesen ist. Der globalisierte Liberalismus funktioniert nur, wenn sich alle Akteure an die Regeln halten. In China aber arbeiten die Staatsunternehmen für die machtpolitischen Interessen des chinesischen Staates. Es sind viele Abhängigkeiten von China entstanden, die z.B. die Solarindustrie oder die Lithium-Importe betreffen.

ANGELA MERKEL

Vokabelhilfe

e Annahme, -n	la supposition, l'hypothèse
die Handelsbeziehungen (pl.)	les relations commerciales
r Umgang der Menschen miteinander	le rapport des gens entre eux
sanft	doux
rücksichtsvoll	respectueux
r ganz ähnliche Ansatz	l'approche similaire
e rohstoffarme Exportnation, -en	le pays exportateur, disposant de peu de matières premières
in außenpolitischer Hinsicht	sur le plan de la politique étrangère
in außenwirtschaftlicher Hinsicht	sur le plan de l'économie internationale
s Leitprinzip, -ien	le principe qui détermine ce qu'on va faire
r Vorgänger im Kanzleramt	le prédécesseur à la chancellerie
e doppelte Stoßrichtung, -en	le double objectif
e wirtschaftliche Verflechtung, -en	l'interpénétration économique
wechselseitige Abhängigkeiten (pl.)	des dépendances mutuelles
e friedliche Koexistenz	la coexistence pacifique
im Umgang mit + dat.	ici : vis-à-vis, à l'égard de qqch
r Abbau der rechtsstaatlichen Strukturen	le démantèlement de l'état de droit
e Übernahme + gén.	la reprise, le rachat de qqch
r Hafen, ¨-	le port
sich an die Regeln halten (ä/ie/a)	respecter les règles

KAPITEL 4

Ähnlich problematisch war das Verhältnis Deutschlands unter Schröder und Merkel zu Russland. Angela Merkel hat trotz aller Warnungen an dem Pipeline-Projekt Nord Stream II festgehalten, das Gerhard Schröder zusammen mit Wladimir Putin in die Wege geleitet hatte. Deutschland wollte billiges Erdgas aus Russland importieren, um die Energiewende besser finanzieren zu können, und Russland nach der Annexion der Krim 2014 davon abhalten, seinen aggressiven Expansionskurs fortzusetzen. Beide Ziele wurden verfehlt: Putin ist 2022 in die Ukraine einmarschiert, und die Erdgaspipeline Nord Stream II wurde nie in Betrieb genommen. Deutschland musste stattdessen neue Handelspartner finden, um Erdgas nach Deutschland zu importieren. So gesehen, war die gegenüber Russland verfolgte Politik ein Fehlschlag auf ganzer Linie, weil man die autoritäre und expansionistische Entwicklung des russischen Regimes unter Putin nicht gesehen hat oder nicht hat sehen wollen.

- *A.M. und die EU*: In der Zeit, in der Angela Merkel Deutschland regierte, musste die Europäische Union viele Krisen überstehen, die durchaus eine existenzielle Bedrohung darstellten. In chronologischer Reihenfolge:
  - die Finanz- und Bankenkrise (2008), nachdem die Immobilienblase in den USA wegen des Zusammenbruchs des Hypothekenmarkts (Subprime-Krise) geplatzt war;
  - die Staatsschulden- und Eurokrise (ab 2009), bei der vor allem das hoch verschuldete Griechenland in den Blickpunkt rückte und die Sorge herrschte, dass im Falle eines Staatsbankrotts auch der Euro gefährdet sein könnte;
  - die Flüchtlingskrise (2015), als Merkel im Alleingang beschloss, die Grenzen zu öffnen und die Flüchtlinge aus Syrien und anderen Krisen- bzw. Kriegsländern aufzunehmen;

ANGELA MERKEL

Vokabelhilfe

s Verhältnis zu Russland	le relation avec la Russie
trotz aller Warnungen	malgré tous les avertissements
an + dat. fest/halten (ä/ie/a)	se cramponner à qqch
s Pipeline-Projekt Nord Stream II	le projet du gazoduc Nord Stream II
billiges Erdgas aus Russland importieren	importer du gaz russe bon marché
e Energiewende	la transition énergétique
e Annexion der Krim	l'annexion de la Crimée
r aggressive Expansionskurs	la politique annexionniste agressive
ein Ziel verfehlen	ne pas atteindre un objectif
in die Ukraine ein/marschieren	envahir l'Ukraine
etw. in Betrieb nehmen (imm/ahm/omm)	mettre qqch en service
r Handelspartner, -	le partenaire commercial
r Fehlschlag auf ganzer Linie	l'échec sur toute la ligne
eine Krise überstehen (and/and)	surmonter une crise, survivre à une crise
Die Immobilienblase ist geplatzt.	La bulle immobilière a éclaté.
r Zusammenbruch	l'effondrement
e Staatsschuldenkrise	la dette de la crise souveraine
r Staatsbankrott, -e	la faillite d'un état
im Alleingang beschließen (oss/oss), etw. zu tun	décider de faire qqch sans consulter personne
Flüchtlinge auf/nehmen (imm/ahm/omm)	accueillir des réfugiés

KAPITEL 4

- die Corona-Krise (2020), in der die EU-Länder zuerst nationalstaatliche Reflexe hatten und die Freizügigkeit im Schengen-Raum aufhoben, sich um Masken und Medikamente stritten, bevor sie wieder zu mehr Solidarität fanden und sich letztlich auf einen gemeinsamen Wiederaufbaufonds ("NextGenerationEU") einigten.

In all diesen Krisen hat Angela Merkel bewiesen, dass sie eine pragmatische, hartnäckige und auch kompromissbereite Krisenmanagerin war. Als Regierungschefin des wirtschaftlich stärksten Landes in Europa hat sie in der Griechenlandkrise beispielsweise nach längerem Zögern einer gemeinsamen Finanzhilfe für das angeschlagene Land zugestimmt. Gleichzeitig bestand sie auf schmerzhaften Reformen, die Griechenland wieder in die richtige Spur führen sollten. Auch in der Flüchtlingskrise war sie tonangebend, als sie eine Grenzöffnung beschloss, was ihr heute im Rückblick oft vorgeworfen wird. Und in der Pandemie schließlich hat sie sich von einer festen Überzeugung aus der Zeit der Griechenland-Krise verabschiedet: Damals war sie bereit dazu, Griechenland finanziell zu helfen, bestand allerdings auch darauf, dass jedes Land für seine Schulden selbst verantwortlich sei. Am Ende der Corona-Krise hat sie schließlich dem Wiederaufbauprogramm der EU mit dem Namen "NextGenerationEU" zugestimmt, um die pandemiebedingten Folgen in den EU-Ländern abzufedern. Die Besonderheit? Der Wiederaufbaufonds wird auch über gemeinsame Schulden finanziert, was bis dahin immer an dem Widerstand Deutschlands gescheitert war. Trotzdem bleibt in europapolitischer Hinsicht ein fader Beigeschmack. Der Vorwurf lautet, Angela Merkel habe keinerlei langfristige Visionen für die EU entwickelt und den ehrgeizigen Reformvorschlägen des französischen Staatspräsidenten Emmanuel Macron, um die EU zukunftsfähig zu machen, stets die kalte Schulter gezeigt.

ANGELA MERKEL

Vokabelhilfe

die Freizügigkeit im Schengen-Raum auf/heben (o/o)	suspendre la libre circulation de l'espace Schengen
sich um + acc. streiten (itt/itt)	se disputer qqch
sich auf einen gemeinsamen Wiederaufbaufonds einigten	se mettre d'accord sur la création d'un fonds de reconstruction
e Krisenmanagerin, -nen	une femme qui garde la tête froide pendant une crise
hartnäckig	tenace et volontaire
e Regierungschefin des wirtschaftlich stärksten Landes	la cheffe de gouvernement de la première puissance économique
s angeschlagene Land	le pays en crise
auf schmerzhaften Reformen bestehen (and/and)	insister pour que des réformes douloureuses soient engagées
tonangebend sein	être déterminant, tenir les rênes de qqch
im Rückblick	rétrospectivement
sich von + dat. verabschieden	abandonner qqch
die Schulden (pl.)	la dette, les dettes
r Wiederaufbau	la reconstruction
etw. ab/federn	atténuer qqch
an dem Widerstand + gén. scheitern (SEIN)	échouer parce que quelqu'un s'y oppose
r fade Beigeschmack	ici : le sentiment d'inachevé
die ehrgeizigen Reformvorschläge (pl.)	les propositions ambitieuses de réforme
jmdem die kalte Schulter zeigen	snober qn

Kapitel 4

Angela Merkels *Freiheit*

Im November 2024 sind Angela Merkels Erinnerungen mit dem Titel *Freiheit* erschienen. Das voluminöse Buch, das sie zusammen mit ihrer einstigen Büroleiterin und engsten Vertrauten, Beate Baumann, verfasst hat, hat vor allem ein Ziel: Die Altkanzlerin will die Schilderung und Interpretation ihres Wirkens nicht nur anderen überlassen. Der allgemeine Tenor der allermeisten Rezensionen ist, dass in dem Buch kaum Neues über ihre Regierungszeit zu lesen ist, dass sie auch im Rückblick in den entscheidenden Fragen ihrer Amtszeit - Atomausstieg, Russland-Politik, Grenzöffnung usw. - kaum Fehler zugibt und die Selbstkritik zu kurz kommt. Das einzige Versäumnis, das sie eingesteht, ist die Tatsache, dass in ihrer Zeit die Modernisierung der Infrastrukturen und die Digitalisierung nicht in Angriff genommen worden ist.

ANGELA MERKEL

Vokabelhilfe

die Erinnerungen (pl.)	les souvenirs, les mémoires
ein Buch verfassen	rédiger, écrire un livre
e Büroleiterin, -nen	la cheffe du bureau
e eng(st)e Vertraute	ici : la proche collaboratrice
s Wirken	l'action, les actions
etw. jmdem überlassen (ä/ie/a)	laisser qqch à qn
r allgemeine Tenor	l'écho général
die allermeisten Rezensionen (pl.)	la plupart des critiques
r Atomausstieg	la sortie du nucléaire
einen Fehler zu/geben (i/a/e)	avouer une erreur
ein Versäumnis ein/gestehen (and/and)	avouer une erreur
e Digitalisierung	la numérisation
etw. in Angriff nehmen (imm/ahm/omm)	s'attaquer à qqch

KAPITEL 5:
OSTDEUTSCHLAND

In Kapitel 1 ging es bereits um Ostdeutschland, mit besonderem Blick auf die jüngsten Wahlergebnisse. Auch in den anderen Kapiteln klang das Thema Ostdeutschland zwischen den Zeilen an: in Kapitel 2, weil die AfD im Osten deutlich bessere Wahlergebnisse erzielt als im Westen; in Kapitel 3, weil die Skepsis gegenüber Einwanderern im Osten Deutschlands größer ist als im Westen; und in Kapitel 4, weil Angela Merkel nicht nur die erste Frau, sondern auch die erste Ostdeutsche im Kanzleramt gewesen ist (wobei sie stets darauf bedacht war, ihre ostdeutsche Herkunft nicht eigens herauszukehren). Das Thema Wiedervereinigung beschäftigt Deutschland also mehr als drei Jahrzehnte nach dem Mauerfall immer noch. Nach der Wende gingen viele davon aus, dass sich Ostdeutschland wie selbstverständlich an die politischen, wirtschaftlichen und gesellschaftlichen Gegebenheiten im Westen angleichen würde. Das ist nur bedingt der Fall.

Wirtschaftliche Angleichung, aber mit Einschränkungen

Alles in allem haben sich die Lebensverhältnisse in Ostdeutschland nach 1990 allmählich mehr oder weniger an den westdeutschen Standard angeglichen. Das BIP in Ostdeutschland (neue Länder und Berlin) macht rund 80% der westdeutschen Wirtschaftsleistung aus. Auch die Einkommensentwicklung ist positiv: Das verfügbare Einkommen im Osten liegt bei fast 90%. Die Arbeitslosigkeit ist Ende 2024 mit 7,4% im Osten zwar um 1,8 Prozentpunkte höher als im Westen, aber die Entwicklung ist nichtsdestotrotz positiv, da die Zahl der Arbeitslosen im Osten lange Zeit doppelt so hoch war wie in Westdeutschland. Das im Grundgesetz verankerte Staatsziel, dem zufolge die Regierung für gleichwertige Lebensverhältnisse sorgen muss, ist in zunehmenden Maße erfüllt.

OSTDEUTSCHLAND

Vokabelhilfe

die jüngsten Wahlergebnisse (pl.)	les récents résultats électoraux
s Kanzleramt	la chancellerie
darauf bedacht sein, etw. zu tun	veiller à qqch
ihre ostdeutsche Herkunft eigens heraus/kehren	mettre en avant ses origines est-allemandes
jmden beschäftigen	(pré)occuper qn
e Wiedervereinigung	la réunification
r Mauerfall	la chute du mur
e Wende	le tournant, ici : les événements qui ont conduit à la réunification
sich an + acc. an/gleichen (i/i)	se rapprocher de qqch, converger vers
die Gegebenheiten (pl.)	la situation
Das ist nur bedingt der Fall.	C'est le cas, mais pas complètement.
e Einschränkung, -en	la limitation, la restriction, la réserve
die Lebensverhältnisse (pl.)	les conditions de vie
allmählich	progressivement
e Wirtschaftsleistung	le PIB
s Einkommen, -	le revenu
doppelt so hoch sein wie ...	être deux fois supérieur à qqch
etw. im Grundgesetz verankern	inscrire qqch dans la constitution
für gleichwertige Lebensverhältnisse sorgen	faire en sorte que les conditions de vie soient comparables
in zunehmenden Maße erfüllt sein	être de plus en plus atteint

KAPITEL 5

Andererseits bestehen aber weiterhin strukturelle Unterschiede. Die Ostdeutschen haben in der Regel weniger Rücklagen (Vermögen, Erbschaften) als die Westdeutschen. Mehr Ostdeutsche arbeiten im Niedriglohnsektor. Es fehlen große Unternehmen, die den Arbeitnehmern im Westen bessere Einkommen und Karriereperspektiven bieten. Der Osten ist mehr als der Westen, so der Soziologe Steffen Mau, ein "Land der kleinen Leute". Die allmähliche Angleichung an das westdeutsche Wohlstandsniveau ist also einerseits eine Realität, andererseits erklären die bestehenden Vermögensunterschiede und fehlenden Sicherheiten womöglich, warum die Ostdeutschen sensibler auf Krisen reagieren als die Westdeutschen. Das konnte man an den Demonstrationen im Zusammenhang mit dem Ukraine-Krieg, der Energiekrise und den Preissteigerungen sehen, die im Osten mehr Zulauf hatten als im Westen.

Demographie: Bevölkerungsrückgang und Männerüberschuss

Was die demographische Entwicklung betrifft, so stechen zwei Phänomene heraus. Die Bevölkerung Ostdeutschlands ist seit der Wiedervereinigung zurückgegangen, die Westdeutschlands hat zugenommen. Seit 1990 sind viele vor allem junge, qualifizierte und ehrgeizige Menschen aus Ostdeutschland in den Westen gezogen, um dort eine Ausbildung zu machen oder zu arbeiten. Seit 2017 beobachtet man zwar wieder ein ausgeglichenes oder leicht positives Wanderungssaldo zugunsten der ostdeutschen Länder, doch liegt das vor allem an dynamischen Ballungszentren wie z.B. Leipzig, die viele Menschen anziehen. Ländliche Regionen sind demgegenüber demographisch oft ausgeblutet und weisen zudem einen hohen Männerüberschuss auf. Die politischen Gefahren derartiger demographischer Entwicklungen liegen auf der Hand.

OSTDEUTSCHLAND

Vokabelhilfe

weiterhin bestehen (and / and) (intr.)	persister, continuer à exister
die Rücklagen (pl.)	les réserves (d'argent)
s Vermögen, -	le patrimoine, la fortune
e Erbschaft, -en	l'héritage
r Niedriglohnsektor, -en	le secteur à bas salaires
r Wohlstand	la prospérité
e Preissteigerung, -en	l'inflation
Zulauf haben	attirer plus de gens
r Rückgang	la baisse
r Überschuss, ¨-e	l'excédent
e demographische Entwicklung	l'évolution démographique
ehrgeizig	ambitieux
in den Westen ziehen (og / og)	partir en Allemagne de l'Ouest
ausgeglichen	équilibré
s Wanderungssaldo	le solde migratoire
zugunsten + gén.	en faveur de qqch
s Ballungszentrum, ...zentren	la grande agglomération
jmden an / ziehen (og / og)	attirer qn
e ländliche Region, -en	la région rurale
ausgeblutet sein	être exsangue
etw. auf / weisen (ie / ie)	présenter, avoir qqch, avoir qqch pour caractéristique

KAPITEL 5

Gesellschaft: Eliteschwäche, Transformationserfahrung und Veränderungsmüdigkeit

Dass die Kanzlerin (Angela Merkel) und der einstige Bundespräsident (Joachim Gauck) aus Ostdeutschland kamen, kann nicht darüber hinwegtäuschen, dass die Ostdeutschen in Führungspositionen stark unterrepräsentiert sind. Steffen Mau zufolge sind nur 1,7% der herausgehobenen Spitzenpositionen mit Ostdeutschen besetzt. In seinem Buch *Lütten Klein. Leben in der ostdeutschen Transformationsgesellschaft* (2019) schreibt er: "Es ist sicherlich keine allzu gewagte Spekulation, zu behaupten, dass eine derartige Unterrepräsentation, wären die Ostdeutschen phänotypisch erkennbar, schon längst zum Skandal geworden wäre und weiter gehende Forderungen nach einer Quotierung oder besonderen Förderung nach sich gezogen hätte." Außerdem wirken die Transformationserfahrungen der Wendezeit bei vielen Ostdeutschen sicherlich noch nach, selbst bei jenen, die Mauerfall und Wiedervereinigung nicht selbst erlebt haben. Mit dem Beitritt der DDR zum Staatsgebiet der BRD wurden die politischen, wirtschaftlichen und gesellschaftlichen Institutionen des Westens auf den Osten übertragen. Ein wirtschaftliches und politisches System ist über Nacht verschwunden: Die Ostdeutschen mussten sich anpassen. Dieser Anpassungsprozess geschah nicht ohne Kränkungen. Nach dem Sturz der DDR-Diktatur wurden die ersten (und letzten) freien Wahlen in der DDR letztlich durch die Propagandisten der West-Parteien entwertet. Die DDR-Bürger hatten mit ihrer Revolution eine Diktatur gestürzt und wurden von den westdeutschen Politikeliten sogleich wieder ihrer Errungenschaften beraubt. Hierin wurzelt - vielleicht - eine erste Entfremdung von dem "System" und den westdeutschen Parteieliten. Eine Wahl für Anti-System-Parteien mag bewusst oder unbewusst ein Akt der Selbstermächtigung enttäuschter Ostdeutscher sein.

OSTDEUTSCHLAND

Vokabelhilfe

e Müdigkeit	la fatigue, la lassitude, le ras-le-bol
in Führungspositionen unterrepräsentiert sein	être sous-représenté dans les postes à responsabilité
e herausgehobene Spitzenposition, -en	le haut poste de direction
mit jmdem besetzt sein	être occupé par qn
e Wendezeit	le tournant, ici : les événements qui ont conduit à la réunification
die Transformationserfahrungen (pl.)	les expériences faites lorsque la dictature a été transformée en démocratie et l'économie planifiée en économie de marché
(noch) nach/wirken	être (encore) prégnant
r Beitritt der DDR zum Staatsgebiet der BRD	l'adhésion de la RDA au territoire de la RFA
etw. auf + acc. übertragen (ä/u/a)	transférer qqch à qqch
über Nacht	du jour au lendemain
e Kränkung, -en	l'offense
r Sturz der DDR-Diktatur	le renversement de la dictature en RDA
etw. entwerten	dévaloriser qqch
e Errungenschaft, -en	l'acquis
jmden einer S. (gén.) berauben	priver qn de qqch
e Entfremdung	l'aliénation
in + acc. wurzeln	trouver ses racines dans qqch
r Akt der Selbstermächtigung	l'acte pour s'assurer de son pouvoir

KAPITEL 5

Unterschiedliche Einstellungen: Beispiel Ukraine

Ungleich vereint nennt Steffen Mau sein neuestes Buch zur Problematik Ostdeutschland. Und die anhaltenden Ungleichheiten in einem vereinten Deutschland lassen sich auch an Umfragen zu autoritären oder illiberalen Einstellungen ablesen oder an den Reaktionen auf das politische Geschehen wie die Corona-Krise oder den Ukraine-Krieg. Deutschland ist nach den Vereinigten Staaten der zweitgrößte Unterstützer der Ukraine. Seine militärische, finanzielle und humanitäre Hilfe belief sich bis Ende August 2024 auf 15,1 Milliarden Euro (zum Vergleich: Frankreich - 4,6 Mrd €). Zudem hat Deutschland in absoluten Zahlen die meisten ukrainischen Flüchtlinge aufgenommen. Bei der Einschätzung der deutschen Ukraine-Hilfe liegen Ostdeutsche und Westdeutsche weit auseinander:

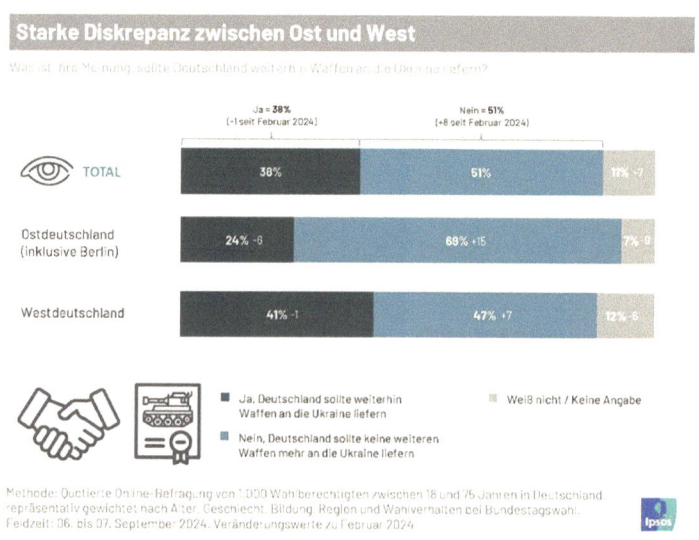

OSTDEUTSCHLAND

<u>Vokabelhilfe</u>

e Einstellung, -en	l'attitude, l'opinion
die anhaltenden Ungleichheiten (pl.)	les inégalités persistantes
sich an + dat. ablesen lassen (ä/ie/a)	se voir
s politische Geschehen	l'actualité politique
r zweitgrößte Unterstützer	le deuxième donateur de l'Ukraine
sich auf + acc. belaufen (äu/ie/au)	être de + chiffre
Flüchtlinge auf/nehmen (imm/ahm/omm)	accueillir des réfugiés
e Einschätzung + gén.	l'opinion, le jugement, l'évaluation de qqch
weit auseinander liegen (a/e)	être loin l'un de l'autre

KAPITEL 5

In Ostdeutschland unterstützen nur 24% der Befragten den Kurs der Bundesregierung. 69% sind der Ansicht, dass Deutschland keine weiteren Waffen an die Ukraine liefern sollte. Im Westen ist die Situation mit 41% bzw. 47% ausgewogener. Wie lassen sich diese Zahlen erklären? Zum einen mögen Prägungen aus der Zeit des Kalten Krieges wirken: Die Ostdeutschen sind vielleicht empfänglicher für einen amerikafeindlichen und russlandfreundlichen Diskurs und akzeptieren die Vorstellung einer russischen Dominanz im Osten leichter, so wie viele Westdeutsche die Vorstellung einer US-amerikanischen Dominanz im Westen akzeptieren. Zum anderen sind praktische Erwägungen von Bedeutung. Je länger der Krieg dauert, desto größer ist die Gefahr, dass er sich auf die Lebensverhältnisse in Deutschland auswirkt. Diesbezüglich sind die Ostdeutschen wegen ihrer geringeren Rücklagen weniger gut gewappnet als die Westdeutschen. Und schließlich haben die Transformationserfahrungen der Menschen in Ostdeutschland dort sicherlich zu einer noch größeren Veränderungsmüdigkeit geführt als in Westdeutschland.

Drei Bücher zur Ost-Debatte: Was sind die Hauptthesen?

Das Thema Ostdeutschland gibt immer wieder Anlass zu kontroversen medialen Debatten, die in den letzten beiden Jahren durch drei Bücher befeuert wurden:

- *Dirk Oschmann - Der Osten. Eine westdeutsche Erfindung (2023)*: Der Leipziger Literaturwissenschaftler, 1967 in der DDR geboren und dort aufgewachsen, entwickelt vor allem zwei Gedanken. Der erste ist, dass der mediale Diskurs über "die" Ostdeutschen durch einen westdeutschen Blick geprägt ist. Westdeutschland - seine Werte, Einstellungen, Geschichte - sind die Norm, Ostdeutschland eine Abweichung von der Norm.

OSTDEUTSCHLAND

Vokabelhilfe

die Befragten (pl.)	les personnes interrogées
Waffen an die Ukraine liefern	fournir des armes à l'Ukraine
ausgewogen	équilibré
e Prägung, -en	l'empreinte, l'influence, le poids
r Kalte Krieg	la guerre froide
wirken	agir, déployer ses effets, se faire ressentir
für + acc. empfänglich sein	être réceptif, sensible à qqch
e Vorstellung, -en	l'idée, la représentation
e Erwägung, -en	la considération
sich auf die Lebensverhältnisse aus/wirken	avoir des répercussions sur le niveau de vie
diesbezüglich	sur ce point
für / gegen + acc. gewappnet sein	être préparé à qqch
e Veränderungsmüdigkeit	la lassitude, le ras-le-bol face aux changements incessants
Anlass zu kontroversen medialen Debatten geben (i/a/e)	être l'occasion pour les médias de débattre de manière controversée
eine Debatte befeuern	alimenter un débat
e Erfindung, -en	l'invention
r Literaturwissenschaftler, -	le professeur de littérature allemande (à l'université)
r westdeutsche Blick	le regard caractéristique de l'Allemagne de l'Ouest
e Abweichung, -en	la déviation

75

KAPITEL 5

Und die Dominanz der westdeutschen Perspektive in den Medien führt Dirk Oschmann zufolge zudem zu einer undifferenzierten Darstellung der Ostdeutschen, die wahlweise als Rassisten, Nazis oder zurückgebliebene Hinterwäldler dargestellt werden. Der zweite Gedanke ist die Feststellung, dass Ostdeutsche in Führungspositionen - nicht nur, aber vor allem auch im akademischen Bereich - deutlich unterrepräsentiert sind. Der Unmut vieler Ostdeutscher, der sich in einem hohen Stimmenanteil für die AfD niederschlägt, speist sich auch aus diesen beiden Quellen.

- *Katja Hoyer, Diesseits der Mauer. Eine neue Geschichte der DDR 1949-1990 (2023):* Katja Hoyer ist 1985 in der DDR geboren. Seit 2010 lebt und unterrichtet die Historikerin in Großbritannien. *Diesseits der Mauer* ist eine Übersetzung ihres ursprünglich auf Englisch erschienenen Werkes (*Beyond the Wall. East Germany, 1949-1990*). Mit ihrem Buch möchte sie "eine neue Geschichte der DDR" schreiben, weil diese nach dem Untergang der DDR ihrer Meinung nach von den Siegern geschrieben worden sei. Die Autorin beschönigt nicht den diktatorischen Charakter des Regimes. Gleichwohl geht es ihr darum, anhand von Kurzporträts zu normalen DDR-Bürgern das Alltagsleben der Menschen in der DDR nachzuzeichnen, die in der Mehrheit umideologisch, unpolitisch und zufrieden gewesen seien. Das Buch wurde von anderen Historikern zum Teil scharf kritisiert. Vielen missfielen die empathische Beschreibung des Privatlebens führender DDR-Politiker, die gelegentlichen faktischen Irrtümer und methodischen Schwächen der Arbeit, weil Katja Hoyer rückblickende Erinnerungen von Menschen aus der damaligen DDR für bare Münze nimmt. Kritiker sehen in dem Buch den Versuch, sich die DDR-Realität schöner zu reden, als sie war.

OSTDEUTSCHLAND

Vokabelhilfe

e undifferenzierte Darstellung + gén.	la description sans nuances de qqch
wahlweise	alternativement, au choix
r zurückgebliebene Hinterwälder, -	le ringard arriéré
e Feststellung, -en	le constat
im akademischen Bereich	dans le milieu universitaire
r Unmut	le mécontentement, la colère
sich in + dat. nieder/schlagen (ä/u/a)	se traduire par qqch
sich aus einer Quelle speisen	se nourrir, s'alimenter d'une source
diesseits + gén.	de ce côté de qqch
r Untergang der DDR	la disparition de la RDA
etw. beschönigen	ici: dissimuler qqch
anhand + gén.	à l'aide de
etw. nach/zeichnen	décrire qqch
jmdem miss/fallen (ä/ie/a)	déplaire à qn
gelegentlich	occasionnel
e Schwäche, -n	la faiblesse, le défaut
rückblickende Erinnerungen (pl.)	les témoignages rétrospectifs
etw. für bare Münze nehmen (imm/ahm/omm)	prendre qqch pour argent comptant
sich etw. schön reden	enjoliver qqch

KAPITEL 5

- *Steffen Mau, Ungleich vereint. Warum der Osten anders bleibt (2024):* Im Unterschied zu Dirk Oschmann, der behauptet, dass die westdeutsche Mediendominanz den Osten anders erscheinen lässt, als er ist, sagt der Soziologe Steffen Mau, dass der Osten tatsächlich anders ist und auch in Zukunft anders bleiben wird. Inwiefern ist der Osten also anders? Der Osten, so Mau, leide beispielsweise unter einer "sozialstrukturellen Unterprivilegierung": Die Ostdeutschen haben ein geringeres Einkommen, vor allem ein geringeres Vermögenspolster, arbeiten häufiger im Niedriglohnsektor, sind in Elitepositionen unterrepräsentiert. Kurz: Der Osten ist ein "Land der kleinen Leute". Ein zweiter Unterschied betrifft die Demographie: Die ostdeutsche Bevölkerung zählt z.B. weniger Zuwanderer und schrumpft, weil viele junge, gut qualifizierte Ostdeutsche abgewandert sind. Das gilt vor allem für Frauen, sodass nicht nur eine Überalterung, sondern auch ein problematischer Männerüberschuss zu beobachten ist. Auch kulturell scheint sich der Osten vom Westen zu unterscheiden: So bewerten die Ostdeutschen die DDR-Vergangenheit anders, sie sind skeptischer gegenüber den Eliten, die Erinnerung an die Härten der Wendezeit (selbst bei denjenigen, die sie nicht selbst erlebt haben) ist genauso präsent wie Kränkungen, die mit dem Einigungsprozess und der Dominanz durch die westdeutsch bestimmte Politik zu tun haben. Krisen - die Flüchtlingskrise, die Corona-Krise, der Ukraine-Krieg - werden dort stärker als Gefährdung empfunden als im Westen.

OSTDEUTSCHLAND

Vokabelhilfe

e sozialstrukturelle Unterprivilegierung	la situation sociale structurellement moins privilégiée
s geringere Vermögenspolster, -	un patrimoine moins important (pouvant servir d'amortisseur de choc en cas de crise), le bas de laine moins rempli
r Niedriglohnsektor, -en	le secteur à bas salaires
r Zuwanderer, -	l'immigré
schrumpfen (SEIN)	baisser, se rétrécir
ab/wandern (SEIN)	émigrer, partir s'installer ailleurs
vor allem für + acc. gelten (i/a/o)	valoir surtout pour qqch
e Überalterung	le vieillissement
r Männerüberschuss	l'excédent d'hommes
etw. anders bewerten	porter un jugement différent sur qqch
e DDR-Vergangenheit	le passé, le vécu du temps de la RDA
die Härten (pl.) der Wendezeit	les difficultés, les souffrances vécues au moment de la transformation
e Kränkung, -en	l'offense
r Einigungsprozess, -e	le processus d'unification
die westdeutsch bestimmte Politik	la vie politique dominée par les partis de l'Allemagne de l'Ouest
etw. als + acc. empfinden (a/u)	ressentir, considérer qqch comme
e Gefährdung, -en	le danger, la menace

Kapitel 6:
Deutschland nach der Wahl Donald Trumps

Am 20. Januar 2025 wird Donald Trump als neuer US-Präsident die Amtsgeschäfte übernehmen. Trumps Wahl könnte auch in Deutschland weitreichende Konsequenzen für Politik und Wirtschaft haben. Seine Politik mit dem Ziel, die Interessen der USA auch auf Kosten der Partnerländer zu maximieren, dürfte sich negativ auf die Handelsbeziehungen auswirken. Und selbst wenn seine Ankündigung, den Ukraine-Krieg in 24 Stunden zu beenden, nicht wörtlich zu nehmen ist, würde ein Rückzug der militärischen Sicherheitsgarantie der USA für Europa das Selbstverständnis Deutschlands in Frage stellen. Und schließlich stellt sich die Frage, welche Auswirkungen der Wahlerfolg des Rechtspopulisten Trump für den Wahlkampf in Deutschland haben wird.

Donald Trump, ein möglicher Handelskrieg und die Folgen für die deutsche Automobilindustrie

Trumps Wahl zum US-Präsidenten trifft Deutschland zum ungünstigsten Zeitpunkt: Die deutsche Volkswirtschaft ist in eine Rezession geraten und zentrale Wirtschaftsakteure - Automobilindustrie, Chemiesektor, Maschinenbau - müssen sich an veränderte internationale Rahmenbedingungen anpassen. Trumps Politik wird vermutlich einen offenen Handelskrieg mit Europa bedeuten. Es ist ein Beispiel für den Rückbau der Globalisierung, der eine exportorientierte Handelsnation wie Deutschland besonders hart treffen könnte. Das gilt vor allem für die Autoindustrie. 2022 wurden 6,3% der weltweit hergestellten Fahrzeuge deutscher Autobauer in den USA produziert. Sollten die USA hohe Einfuhrzölle beschließen, wären deutsche Autoimporte dort weniger konkurrenzfähig. Die Konzerne könnten daher versucht sein, weitere Produktionsstätten in die USA zu verlagern.

DEUTSCHLAND NACH DER WAHL DONALD TRUMPS

Vokabelhilfe

die Amtsgeschäfte übernehmen (imm/ahm/omm)	prendre la direction des affaires du pays
weitreichende Konsequenzen für + acc. haben	avoir des conséquences lourdes sur qqch
sich negativ auf + acc. aus/wirken	avoir des effets négatifs sur qqch
die Handelsbeziehungen (pl.)	les relations commerciales
r Rückzug der militärischen Sicherheitsgarantie der USA	le retrait de la garantie des USA d'assurer la sécurité militaire
s Selbstverständnis	l'image que quelqu'un a de lui-même ; la façon de se voir et de se définir
jmden zum ungünstigsten Zeitpunkt treffen (iff/af/off)	tomber pour qn au pire moment
in eine Rezession geraten (ä/ie/a) (SEIN)	connaître une récession
sich an veränderte Rahmenbedingungen an/passen	s'adapter à un contexte qui a changé
r Maschinenbau	le secteur de l'équipement industriel
r Rückbau der Globalisierung	le démondialisation
ein Land besonders hart treffen (iff/af/off)	frapper un pays durement
r Autobauer, -e	le constructeur automobile
r Einfuhrzoll, ¨-e	le tarif de douane (sur les importations)
konkurrenzfähig	compétitif
Produktionsstätten in die USA verlagern	délocaliser la production aux États-Unis

KAPITEL 6

Donald Trump und das deutsche Selbstverständnis

Die zweite Präsidentschaft Donald Trumps könnte angesichts der veränderten geopolitischen Rahmenbedingungen eine Zäsur für die Bundesrepublik Deutschland bedeuten. Ihr Selbstverständnis als multilaterale, pazifistische Handelsmacht wird durch das drohende Ende der Globalisierung genauso erschüttert wie durch die Wiederkehr rücksichtsloser Machtpolitik. Das erfordert eine Neudefinition Deutschlands als mittlere Macht.

- *Deutschland, eine multilaterale, pazifistische Handelsmacht*: Nach dem Zweiten Weltkrieg ist die Bundesrepublik Deutschland recht bald zu einem wichtigen internationalen Wirtschaftsakteur aufgestiegen. Vor der Wiedervereinigung war die Bundesrepublik, d.h. Westdeutschland, gemessen an dem Bruttoinlandsprodukt hinter den USA und Japan die drittgrößte Wirtschaftsmacht weltweit. Je nach Quelle liegt Deutschland heute - entweder vor oder hinter Japan - auf Platz drei bzw. vier in den internationalen Rankings. China hat sich inzwischen als zweitgrößte Wirtschaftsmacht hinter den USA etabliert. Andere Schwellenländer weisen beeindruckende Wachstumsraten auf wie Indien oder Indonesien. Deutschlands wirtschaftlicher Erfolg - zuerst nach dem Zweiten Weltkrieg und dann nach dem Ende des Kalten Krieges - beruhte auf seinem Selbstverständnis als multilaterale, pazifistische Handelsmacht, die von den offenen Märkten der liberalen Jahrzehnte hat profitieren können. Kaum jemand hat dieses Bild anschaulicher verkörpert als Bundeskanzlerin Angela Merkel (2005-2021). Die militärische Sicherheit wurde in Deutschland gerade nach dem Zusammenbruch der UdSSR an die Vereinigten Staaten und die USA ausgelagert. Um es überspitzt zu formulieren, hat Deutschland im Schatten der militärischen Schutzgarantie der USA seinen Wohlstand gemehrt.

DEUTSCHLAND NACH DER WAHL DONALD TRUMPS

Vokabelhilfe

e Handelsmacht, ¨-e	la puissance commerciale
s drohende Ende der Globalisierung	la fin imminente de la mondialisation
etw. erschüttern	ébranler qqch
e Wiederkehr rücksichtsloser Machtpolitik	le retour d'une politique brutale de la puissance
etw. erfordern	nécessiter qqch
e mittlere Macht	la puissance moyenne
zu + dat. auf/steigen (ie/ie) (SEIN)	devenir qqch
gemessen an dem Bruttoinlandsprodukt	par rapport au PIB
je nach Quelle	selon les sources
e zweitgrößte Wirtschaftsmacht	la deuxième puissance économique
s Schwellenland, ¨-er	le pays nouvellement industrialisée pays émergent
beeindruckende Wachstumsraten auf/weisen (ie/ie)	présenter des taux de croissances impressionnants
die offenen Märkte (pl.) der liberalen Jahrzehnte	les marchés ouverts des décennies libérales
etw. anschaulicher verkörpern als …	illustrer qqch mieux que…
r Zusammenbruch der UdSSR	l'effondrement de l'URSS
etw. aus/lagern	délocaliser qqch ; ici : confier qqch à an
im Schatten + gén.	à l'ombre de qqch
seinen Wohlstand mehren	s'enrichir

KAPITEL 6

- *Das internationale System im Wandel erschüttert Deutschlands Selbstverständnis (I) - das Ende der Globalisierung?* Mehrere Faktoren befeuern die Veränderungsdynamik des internationalen Systems. Schon seit geraumer Zeit regt sich in einigen Ländern Widerstand gegen den Freihandel, weil die Globalisierung die Ungleichheiten in den westlichen Ländern verschärft hat und vor allem unqualifizierte bzw. gering qualifizierte Arbeitnehmer aus dem Niedriglohnsektor unter Druck geraten. Die Covid 19-Pandemie hat die internationalen Lieferketten in Frage gestellt und die Risiken einer Auslagerung lebenswichtiger Industrien - z.b. zur Produktion von Medikamenten bzw. medizinischer Ausrüstung ganz allgemein - aufgezeigt. Gleichzeitig entwickelt sich China auch auf den europäischen Märkten immer mehr zu einem Konkurrenten. Die staatliche Lenkung privatwirtschaftlicher Unternehmen in China untergräbt das Prinzip der freien Märkte. Die Zeit von Freihandel und Globalisierung scheint ihrem Ende entgegenzugehen.
- *Das internationale System im Wandel erschüttert Deutschlands Selbstverständnis (II) - eine Wiederkehr rücksichtsloser Machtpolitik?* Der Einmarsch Russlands in die Ukraine markiert eine Wende in den europäischen und internationalen Beziehungen. Brutale Machtpolitik - inklusive militärischer Gewalt - zur Durchsetzung nationaler Interessen gewinnt an Bedeutung zulasten multilateraler Verhandlungen mit dem Ziel, einen Ausgleich der Interessen herzustellen. Was genau Donald Trump für die Ukraine plant, kann zum jetzigen Zeitpunkt niemand sagen. Dass er den Konflikt, wie er angekündigt hat, nicht in 24 Stunden beilegen wird, ist offensichtlich. Aber eine Verringerung oder gar ein Ende der amerikanischen finanziellen und militärischen Unterstützung würde die Handlungsbedingungen auch für die EU und die Bundesrepublik Deutschland verändern.

DEUTSCHLAND NACH DER WAHL DONALD TRUMPS

Vokabelhilfe

etw. befeuern	alimenter, renforcer qqch
schon seit geraumer Zeit	depuis un certain temps déjà
r Widerstand gegen den Freihandel	l'opposition contre le libre échange
die Ungleichheiten verschärfen	accentuer, aggraver les inégalités
unter Druck geraten (ä/ie/a) (SEIN)	être sous pression
die internationalen Lieferketten (pl.)	les chaînes d'approvisionnement internationales
e Auslagerung + gén.	la délocalisation
e medizinische Ausrüstung	l'équipement médical
e staatliche Lenkung privatwirtschaftlicher Unternehmen	la direction des entreprises privées par l'État
etw. untergraben (ä/u/a)	saper qqch
seinem Ende entgegen/gehen (ing/ang) (SEIN)	toucher à sa fin
r Einmarsch Russlands in die Ukraine	l'invasion de l'Ukraine par la Russie
e Gewalt	la violence
nationale Interessen durch/setzen	imposer les intérêts nationaux
zulasten + gén.	au détriment de qqch
multilaterale Verhandlungen (pl.)	les négociations multilatérales
einen Ausgleich der Interessen her/stellen	trouver un compromis entre les intérêts divergents
einen Konflikt bei/legen	résoudre un conflit
die Handlungsbedingungen verändern	changer les conditions (d'action)

KAPITEL 6

- *Notwendige Neudefinition der europäischen und internationalen Rolle Deutschlands als mittlere Macht*: Deutschland steht heute also vor einer doppelten Herausforderung. Die Einschränkungen des Freihandels sind keine gute Nachricht für die exportorientierte Handelsmacht, die Deutschland seit Jahrzehnten ist. Zudem widerspricht die Wiederkehr einer rücksichtslosen Machtpolitik - Putins militärische Aggression, Trumps Erpressungspolitik durch die Verknüpfung geopolitischer, militärischer und wirtschaftlicher Interessen gegenüber den europäischen Partnerländern, Chinas expansionistische Tendenzen - seinem multilateralistischen Selbstverständnis. Eines steht fest: Deutschland wird mehr als in der Vergangenheit in seine militärische Sicherheit investieren müssen und seine Rolle als mittlere Macht nicht länger ausschließlich oder vornehmlich wirtschaftlich definieren können. Wenn Deutschland und die anderen EU-Länder im Falle eines Endes des US-amerikanischen Engagements in der Ukraine entscheiden, das Land weiter zu unterstützen, wird diese Hilfe viel Geld kosten. Ganz allgemein wird Deutschland nicht umhin kommen, seine militärische Sicherheit stärker selbst in die Hand zu nehmen und womöglich auch wieder eine Wehrpflicht einzuführen. All das hat einen Preis, einen finanziellen und einen mentalen. Tatsächlich wirft eine solche Remilitarisierung Fragen auf: Was wird aus der im Grundgesetz verankerten Schuldenbremse, die einer Neuverschuldung enge Grenzen setzt? Wie reagiert die Zivilgesellschaft, wenn zur Finanzierung der militärischen Sicherheit Sozialleistungen gekürzt werden sollten? Und wie reagiert die Bevölkerung in Ostdeutschland, die einer konfrontativen Politik gegenüber Russland skeptischer gegenübersteht als die meisten Westdeutschen?

DEUTSCHLAND NACH DER WAHL DONALD TRUMPS

Vokabelhilfe

e mittlere Macht, ¨-e	la puissance moyenne
vor einer Herausforderung stehen (and/and)	être confronté à un défi
die Einschränkungen (pl.) des Freihandels	les restrictions du libre échange
e exportorientierte Handelsmacht	la puissance exportatrice et commerciale
e Wiederkehr einer rücksichtslosen Machtpolitik	le retour d'une politique brutale de la puissance
e Erpressungspolitik gegenüber den Partnerländern	la politique de chantage à l'égard des pays partenaires
e Verknüpfung + gén.	l'association de qqch
s multilateralistische Selbstverständnis	l'image que l'Allemagne a d'elle-même d'une puissance multilatéraliste
in seine militärische Sicherheit investieren	investir dans sa sécurité militaire
seine militärische Sicherheit selbst in die Hand nehmen (imm/ahm/omm)	prendre en charge sa sécurité militaire
eine Wehrpflicht ein/führen	introduire un service militaire obligatoire
e im Grundgesetz verankerte Schuldenbremse	le frein à la dette, inscrit dans la constitution
einer Neuverschuldung enge Grenzen setzen	mettre des bornes étroites à un nouvel endettement
Sozialleistungen kürzen	réduire les prestations sociales
die meisten Westdeutschen	la plupart des Allemands de l'Ouest

KAPITEL 6

Auch mit Blick auf Europa stellen sich drängende Fragen: Wie könnte es Deutschland gelingen, ein glaubwürdiges Abschreckungspotenzial ohne die Schutzmacht USA zu erlangen, wo es doch im sogenannten 2+4-Vertrag 1990 auf die Entwicklung von Massenvernichtungswaffen explizit verzichtet hat? Wie würden die europäischen Partnerländer reagieren, wenn Deutschland wieder einen militärischen Führungsanspruch in Europa geltend machen würde? Und: Ist Deutschland - d.h. sowohl die politischen Entscheidungseliten als auch die Zivilgesellschaft - überhaupt dazu bereit, ihr altes Selbstverständnis als pazifistische Wirtschaftsmacht über Bord zu werfen und sich als militärische Mittelmacht zu profilieren?

Donald Trump und die Debattenkultur in Deutschland

Dass die deutsch-amerikanischen Beziehungen in den nächsten Jahren einer Belastungsprobe ausgesetzt sein werden, steht außer Frage. Die jüngsten Äußerungen von Donald Trumps Wahlkampfhelfer, Elon Musk, geben einen Vorgeschmack auf die zu erwartende Tonlage, die undiplomatischer kaum sein könnte. Ende Dezember hat der Tech-Unternehmer und designierte Chef eines neuen Amtes für Verwaltungseffizienz den Bundeskanzler einen "inkompetenten Narren" und den Bundespräsidenten einen "antidemokratischen Tyrannen" genannt. Scholz solle zurücktreten, Steinmeier sich schämen, und die AfD sei im Übrigen der letzte Funken Hoffnung für ein Land, das seinem wirtschaftlichen und kulturellen Zusammenbruch entgegentaumele. Die Frage ist, ob der aggressive Ton der Auseinandersetzung, der in den USA Einzug gehalten hat, nun auch in Deutschland die Debattenkultur prägen wird. Oder ob das unterschiedliche Parteien- und Wahlsystem und eine größere Glaubwürdigkeit der traditionellen Medien eine derartige Entwicklung verhindern werden.

DEUTSCHLAND NACH DER WAHL DONALD TRUMPS

Vokabelhilfe

s glaubwürdige Abschreckungspotenzial	le potentiel dissuasif crédible
e Schutzmacht USA	les USA, la puissance protectrice
r 2+4-Vertrag (1990)	le traité de Moscou
e Entwicklung von Massenvernichtungswaffen	le développement d'armes de destruction massive
einen militärischen Führungsanspruch geltend machen	revendiquer un leadership militaire
die politischen Entscheidungseliten (pl.)	les élites politiques
sich als militärische Mittelmacht profilieren	se présenter
einer Belastungsprobe ausgesetzt sein	être mis à rude épreuve
r Wahlkampfhelfer, -	le soutien lors de la campagne électorale
r Tech-Unternehmer, -	l'entrepreneur de la Tech
s Amt für Verwaltungseffizienz	le ministère de l'efficacité gouvernementale
r Narr, -en	l'idiot
zurück/treten (itt/at/et) (SEIN)	démissionner
sich schämen	avoir honte
r letzte Funken Hoffnung für + acc.	une dernière lueur d'espoir
dem Zusammenbruch entgegen/taumeln	aller au-devant de son effondrement
e Glaubwürdigkeit	la crédibilité

KAPITEL 6

- *Die populistischen Kommunikationsstrategien von Donald Trump als Vorbild für den deutschen Wahlkampf?* Bei allen Unterschieden sind die amerikanische und die deutsche Gesellschaft vergleichbar. Generell folgen sie einem ähnlichen Entwicklungspfad, zumal der politische und kulturelle Einfluss der USA auf Europa im Allgemeinen und Deutschland im Besonderen seit dem Zweiten Weltkrieg stets sehr groß war. Außerdem: Sieger haben immer Recht, wie man sagt, und so könnten manche deutsche Politiker versucht sein, Donald Trumps erfolgreiche Kommunikationsstrategien an deutsche Verhältnisse anzupassen und im deutschen Wahlkampf auszuprobieren. Vier Kommunikationsstrategien prägten die Wahlkampagne Trumps: persönliche Angriffe und Verunglimpfungen des politischen Gegners, Übertreibungen, Verbreitung von Unwahrheiten und das ständige Wiederholen einfacher Botschaften in einfachen Worten. So beleidigte er beispielsweise Joe Biden und Kamala Harris: "Joe Biden became mentally impaired, sad. But lyin' Kamala Harris? Honestly, I believe she was born that way." Er versprach, das von Migranten "besetzte Amerika" zu "befreien". Er behauptete, haitianische Flüchtlinge würden in Texas Haustiere von Amerikanern essen. Und vor allem wiederholte er seine politische Kernbotschaft: "Make America Great Again".
- *Mehrheitswahlrecht in den USA, Verhältniswahlrecht in Deutschland und eine höhere Glaubwürdigkeit der Medien: Ist Deutschland vor Entgleisungen à la Trump gefeit?* Dass deutsche Politiker diese Strategien eins zu eins auf den deutschen Wahlkampf übertragen, ist genauso unwahrscheinlich, wie es wahrscheinlich ist, dass sich gerade AfD-Politiker davon werden inspirieren lassen. In mindestens zwei Punkten unterscheidet sich Deutschland aber von den USA, was einen mäßigenden Einfluss auf die politische Debattenkultur haben könnte.

DEUTSCHLAND NACH DER WAHL DONALD TRUMPS

Vokabelhilfe

r Wahlkampf, ¨-e	la campagne électorale
einem ähnlichen Entwicklungspfad folgen (SEIN)	suivre une voie similaire
versucht sein, etw. zu tun	être tenté de faire qqch
etw. an deutsche Verhältnisse an/passen	adapter qqch à la situation allemande
etw. aus/probieren	essayer qqch
r Angriff, -e	l'attaque
e Verunglimpfung, -en	l'insulte, le dénigrement
r Gegner, -	l'adversaire
e Übertreibung, -en	l'exagération
e Verbreitung von Unwahrheiten	la diffusion de contrevérités
s ständige Wiederholen	la répétition incessante
e einfache Botschaft, -en	le message simple
jmden beleidigen	insulter, offenser qn
Haustiere essen (iss/aß/ess)	manger des animaux domestiques
e politische Kernbotschaft, -en	le message politique central
s Mehrheitswahlrecht	le scrutin majoritaire
s Verhältniswahlrecht	le scrutin proportionnel
e Entgleisung, -en	le dérapage
vor + dat. gefeit sein	être immunisé contre qqch
etw. eins zu eins auf + acc. übertragen (ä/u/a)	reprendre, transférer qqch à l'identique

Kapitel 6

Gewöhnlich heißt es, dass das Mehrheitswahlrecht - wie in den USA - eine polarisierende Wirkung auf die politische Auseinandersetzung hat und dass das Verhältniswahlrecht - wie in der Bundesrepublik - Konsens und Zusammenarbeit fördert. Insofern wären radikal-konfrontative Kommunikationsstrategien problematisch, weil jeder weiß, dass man sich nach dem Wahlkampf zusammensetzen muss, um gemeinsame Lösungen zu finden. Das gilt für alle Parteien mit Ausnahme der AfD, die sich sicher sein kann, keinerlei Regierungsverantwortung übernehmen zu können. Tatsächlich haben sechs Parteien - CDU, CSU, SPD, Grüne, FDP und Linke - im Dezember 2024 ein Fairness-Abkommen unterzeichnet. Darin verpflichten sich die Parteien, während des Wahlkampfes fair und respektvoll miteinander umzugehen. Persönliche Angriffe sollen vermieden und Desinformationskampagnen oder eine Verächtlichmachung des Gegners verbannt werden.

Ein zweiter Unterschied zwischen Deutschland und den USA besteht darin, dass die Glaubwürdigkeit der traditionellen und vor allem öffentlich-rechtlichen Medien in Deutschland immer noch relativ hoch ist. Zwei Drittel der Befragten haben Vertrauen in Fernsehen, Radio und Tageszeitungen. Insofern dürfte es weniger leicht sein, mit systematischen Fake News Stimmung zu machen und Stimmen zu gewinnen.

DEUTSCHLAND NACH DER WAHL DONALD TRUMPS

Vokabelhilfe

e polarisierende Wirkung auf + acc. haben	avoir un effet de polarisation sur qqch
e politische Auseinandersetzung, -en	le débat, la confrontation politique
Konsens und Zusammenarbeit fördern	favoriser le consensus et la coopération
sich zusammen / setzen	se mettre autour de la table
mit Ausnahme + gén.	à l'exception de qqch
Regierungsverantwortung übernehmen (imm/ahm/omm)	avoir une responsabilité gouvernementale
ein Abkommen unterzeichnen	signer un accord
sich zu + dat. verpflichten	s'engager à faire qqch
respektvoll miteinander um / gehen (ing / ang) (SEIN)	se traiter mutuellement avec respect
e Verächtlichmachung des Gegners	le dénigrement de l'adversaire
die öffentlich-rechtlichen Medien (pl.)	les médias publics
Vertrauen in Fernsehen, Radio und Tageszeitungen haben	avoir confiance en la télévision, la radio et les journaux
für / gegen + acc. Stimmung machen	mobiliser pour ou contre qqch ; alimenter un mécontentement ; influencer l'opinion publique
Stimmen gewinnen (a/o)	gagner des voix, des suffrages

Kapitel 7:
Die Ampelkoalition und ihr Ende

Am 7. Dezember 2021 wurde die sogenannte Ampelkoalition aus SPD (rot), FDP (gelb) und Grünen (grün) nach zähen Verhandlungen gebildet. Die zunehmende Fragmentierung des Parteiensystems und die Brandmauer, die die etablierten Parteien gegen die AfD errichtet haben, machten eine Drei-Parteien-Regierung für eine stabile Mehrheit notwendig. Es war keine Liebesheirat, eher eine Zweckgemeinschaft, wenn nicht gar eine Zwangsehe. Die Koalition war dem Wunsch geschuldet, nach sechzehn Jahren Merkel eine "Fortschrittskoalition" auf die Beine zu stellen. Sie sollte das Land für das 21. Jahrhundert fit machen, die Energiewende weiterführen, Deutschland bis 2045 klimaneutral machen, die Gesellschaft modernisieren, ein grünes Wirtschaftswunder in die Wege leiten usw. Am 6. November 2024 ist die Ampelkoalition geplatzt, nachdem Bundeskanzler Scholz (SPD) Finanzminister Lindner (FDP) entlassen hat. Neuwahlen wurden für den 23. Februar 2025 angekündigt. Die Enttäuschung ist bei vielen so groß wie die anfänglichen Hoffnungen, die an die neue Regierung geknüpft wurden. Die folgenden Abschnitte erklären den Grundkonflikt zwischen den Koalitionären und die Bedeutung, die ein Urteil des Bundesverfassungsgerichts für das Ende der Ampelregierung hatte. Sie schildern die zusätzliche Belastung, die der Ukraine-Krieg für die Regierungsarbeit darstellte. Sie beleuchten drei wirtschaftspolitische Maßnahmen der Ampelkoalition und erläutern drei gesellschaftspolitische Initiativen.

DIE AMPELKOALITION UND IHR ENDE

Vokabelhilfe

e Ampelkoalition	la coalition "feu tricolore"
zähe Verhandlungen (pl.)	des négociations laborieuses
eine Koalition bilden	former une coalition
e Brandmauer, -n	le cordon sanitaire ; le front républicain
e Liebesheirat, -en	le mariage d'amour
e Zweckgemeinschaft, -en	la communauté d'intérêts (bien entendus)
e Zwangsehe, -n	le mariage forcé
dem Wunsch geschuldet sein, etw. zu tun	être dû à la volonté de faire qqch
e "Forschrittskoalition"	la "coalition du progrès"
das Land für das 21. Jahrhundert fit machen	préparer le pays au(x défis du) XXIe siècle
die Energiewende weiter/führen	poursuivre la transition énergétique
ein Land klimaneutral machen	assurer la neutralité carbone d'un pays
s grüne Wirtschaftswunder	le miracle économique vert
platzen (SEIN)	voler en éclats
jmden entlassen (ä/ie/a)	renvoyer qn
Neuwahlen ankündigen	annoncer des élections anticipées
s Bundesverfassungsgericht	l'équivalent du Conseil constitutionnel
eine zusätzliche Belastung dar/stellen	être un poids supplémentaire
gesellschaftspolitisch	sociétal

KAPITEL 7

Was war die Ampelkoalition, welche Ziele hatte sie und woran ist sie zerbrochen?

- *Die Ausgangslage - widerstreitende Interessen einer "unnatürlichen" Koalition*: Als die Ampelkoalition Ende 2021 gebildet wurde, war die Hoffnung der drei Regierungsparteien groß, dass es ihr gelingen könnte, die unter Angela Merkel versäumte Modernisierung der Infrastrukturen in Angriff zu nehmen und die Mammutaufgabe des ökologischen Umbaus von Wirtschaft und Gesellschaft zu bewältigen. Das Ziel war (und ist), Deutschland bis 2045, d.h. fünf Jahre vor den anderen Ländern der EU, klimaneutral zu machen. Das war zumindest das Schwerpunktthema der Grünen. Die SPD wollte dagegen das leidige Kapitel Hartz IV abschließen, das sie so viele Stimmen gekostet hatte, und das Arbeitslosengeld reformieren. Die FDP als wirtschaftsliberale Partei wiederum legte vor allem Wert darauf, die Wettbewerbsfähigkeit der deutschen Wirtschaft nicht zu beeinträchtigen und die im Grundgesetz verankerte Schuldenbremse zu respektieren. Und ein grundlegender Gegensatz zwischen FDP auf der einen und SPD und Grünen auf der anderen Seite besteht darin, dass die Liberalen traditionell auf die Kräfte des freien Marktes setzen, während SPD und Grüne eher den Anspruch haben, das Verhalten der Wirtschaftsakteure durch Subventionen und Vorgaben zu steuern. Die programmatischen Gräben zwischen den drei Parteien waren groß, und genauso groß war das Potenzial für Konflikte.

Die Ampelkoalition und ihr Ende

Vokabelhilfe

an + dat. zerbrechen (i/a/o) (SEIN)	voler en éclats parce que…
e Ausgangslage, -n	la situation de départ
widerstreitende Interessen (pl.)	les intérêts contradictoires
e versäumte Modernisierung der Infrastrukturen	la modernisation des infrastructures qui n'a pas été entreprise
etw. in Angriff nehmen (imm/ahm/omm)	s'attaquer à qqch, entreprendre qqch
eine Mammutaufgabe bewältigen	accomplir une tâche gigantesque ; faire face à un défi colossal
r ökologische Umbau von Wirtschaft und Gesellschaft	la transformation écologique de l'économie et de la société
ein leidiges Kapitel ab/schließen (oss/oss)	clore un chapitre douloureux
Hartz IV (= s Arbeitslosengeld II)	la réforme dite Hartz IV (2005) qui a consisté réduire la durée et le montant des allocations chômage
die Wettbewerbsfähigkeit + gén. beeinträchtigen	nuire à la compétitivité de qqch
die im Grundgesetz verankerte Schuldenbremse	le frein à la dette, inscrit dans la constitution
r grundlegende Gegensatz, ¨-e	l'opposition, la contradiction de principe
auf die Kräfte des freien Marktes setzen	miser sur les forces du marché (libre)
e Vorgabe, -n	la contrainte, la norme
das Verhalten der Wirtschaftsakteure steuern	diriger, influencer le comportement des acteurs économiques
die programmatischen Gräben (pl.)	le fossé idéologique

KAPITEL 7

- *Ein Urteil des Bundesverfassungsgerichts - der Anfang vom Ende*: Noch unter Angela Merkel hatte die Bundesregierung zur Bekämpfung der Pandemiefolgen den Bundeshaushalt um 60 Milliarden Euro erhöht. Diese Haushaltsaufstockung wurde über Schulden finanziert, was angesichts der Corona-Krise mit einer außergewöhnlichen Notsituation begründet wurde und damit verfassungskonform war. Diese Gelder wurden jedoch nicht ausgegeben, sodass die Ampelkoalition im Dezember die 60 Milliarden umwidmen und für den Klimaschutz nutzen wollte. 2023 urteilte das Bundesverfassungsgericht, dass dieses Vorgehen verfassungswidrig sei und die Corona-Gelder nicht für den Klimaschutz ausgegeben werden dürfen. Dieses Urteil verschärfte den grundlegenden Konflikt zwischen den Ampelparteien: Dieselben Ziele mussten nun mit weniger Mitteln erreicht werden. So endeten beispielsweise die Subventionen für E-Autos schon im Dezember 2023 anstatt 2024. Und auch die Kindergrundsicherung, ein Herzensanliegen der Grünen, sorgte wegen ihrer Finanzierung immer wieder für Zündstoff zwischen der Umweltpartei und der FDP.
- *Interne und externe Gründe für das Scheitern der Ampelkoalition*: Im Grunde ist die Ampelkoalition also an sich selbst gescheitert ist. Das Urteil des Bundesverfassungsgerichts hat die ideologischen Gräben zwischen den Ampelparteien lediglich für alle offensichtlich gemacht und das Regierungshandeln zusätzlich erschwert. Die widerstreitenden Ziele der Koalitionäre konnten mit geringeren Haushaltsmitteln nicht erreicht werden. Allerdings sollte man auch nicht verschweigen, dass die versäumten Investitionen in die Infrastruktur in der 16-jährigen Amtszeit Angela Merkels ebenfalls eine Belastung für die Regierung darstellten. Und natürlich hat auch der Überfall Russlands auf die Ukraine das Regieren in Deutschland schwieriger gemacht.

Die Ampelkoalition und ihr Ende

Vokabelhilfe

zur Bekämpfung der Pandemiefolgen	pour combattre les conséquences de la pandémie
r Bundeshaushalt, -e	le budget national
e Haushaltsaufstockung, -en	l'augmentation du budget
etw. über Schulden finanzieren	financer qqch par la dette
e außergewöhnliche Notsituation	la situation d'urgence extraordinaire
die Gelder (pl.)	l'argent (public)
Gelder um/widmen	réaffecter le montant
r Klimaschutz	la protection du climat
s Vorgehen	la façon de faire
verfassungswidrig	anti-constitutionnel
s E-Auto, -s	la voiture électrique
e Kindergrundsicherung	l'allocation familiale proposant un minimum existentiel aux jeunes
s Herzensanliegen der Grünen	la cause chère au parti des Verts
für Zündstoff sorgen	être un sujet de discorde
s Scheitern	l'échec
an sich selbst scheitern (SEIN)	être responsable de son propre échec
das Regierungshandeln erschweren	rendre plus difficile l'action gouvernementale
die Haushaltsmittel (pl.)	les ressources budgétaires
r Überfall Russlands auf die Ukraine	l'invasion de l'Ukraine par la Russie

KAPITEL 7

Wie hat die Ampelkoalition auf den Ukraine-Krieg reagiert?
Der Überfall Russlands auf die Ukraine vom 24. Februar 2022 markiert eine Zäsur für Europa und Deutschland. Der Krieg und seine Konsequenzen erschwerten auch das Handeln der Ampelregierung. Bundeskanzler Olaf Scholz hatte in seiner Rede vor dem Bundestag am 27. Februar von einer "Zeitenwende" gesprochen, weil die Welt nach dem russischen Angriff nicht mehr dieselbe sei wie zuvor. Und diese "Zeitenwende" hatte auch konkrete - und finanzielle - Konsequenzen für die Bundesrepublik. In seiner Zeitenwende-Rede hat Olaf Scholz Veränderungen der deutschen Politik angekündigt, die sich u.a. in folgenden Entscheidungen niedergeschlagen haben.

- *In außenpolitischer und sicherheitspolitischer Hinsicht* bedeutet die Zeitenwende für Deutschland, dass das Land deutlich mehr in seine militärische Sicherheit investieren will. Olaf Scholz hat 2022 die Einrichtung eines Sondervermögens zur Modernisierung der Bundeswehr in Höhe von 100 Mrd Euro angekündigt. Seit dem Überfall auf die Ukraine ist das Bewusstsein dafür gewachsen, dass auch die früheren Ostblockstaaten militärisch durch Russland bedroht werden. Deutschland wäre durch seine Nato-Mitgliedschaft dazu verpflichtet, diesen Ländern im Falle eines russischen Angriffs militärischen Beistand zu leisten. In diesem Zusammenhang wird auch über eine mögliche Wiedereinführung der Wehrpflicht diskutiert, die 2011 ausgesetzt worden war. Ein weiterer Bestandteil der veränderten Sicherheitspolitik ist der Kauf des Raketenabwehrsystems Arrow 3, das von Israel und den USA entwickelt wurde.

DIE AMPELKOALITION UND IHR ENDE

Vokabelhilfe

eine Zäsur markieren	marquer un tournant
e Rede, -n vor dem Bundestag	l'allocution devant le *Bundestag*
e Zeitenwende	le tournant, la nouvelle ère, le changement d'époque
r Angriff, -e	l'attaque, l'agression
Die Welt ist nicht mehr dieselbe wie zuvor.	Le monde n'est plus le même qu'avant.
etw. an/kündigen	annoncer qqch
sich in + dat. nieder/schlagen (ä/u/a)	se traduire par qqch
in außenpolitischer und sicherheitspolitischer Hinsicht	sur le plan de la politique étrangère et de sécurité
mehr in seine militärische Sicherheit investieren	investir plus pour garantir sa sécurité militaire
e Einrichtung eines Sondervermögens in Höhe von 100 Mrd Euro	la création d'un fonds extraordinaire de 100 milliards d'euros
die früheren Ostblockstaaten (pl.)	les anciens pays du bloc soviétique
dazu verpflichtet sein, etw. zu tun	être obligé de faire qqch
e Nato-Mitgliedschaft	l'appartenance à l'Otan
jmdem Beistand leisten	apporter de l'aide à qn
e mögliche Wiedereinführung der Wehrpflicht	l'éventuel rétablissement du service militaire obligatoire
etw. aus/setzen	suspendre qqch
ein weiterer Bestandteil + gén.	une autre composante
s Raketenabwehrsystem	le système anti-missiles

KAPITEL 7

- Eine zweite Konsequenz der "Zeitenwende" ist *ein energiepolitisches Umdenken* mit dem Ziel, die Importabhängigkeit von einzelnen Lieferanten zu reduzieren. Der Import von russischem Gas wurde gestoppt. Mit dem Bau mehrerer Flüssiggasterminals an den norddeutschen Küsten will Deutschland seine Erdgasversorgung sichern. Die Neuausrichtung der Energiepolitik führte zu einem starken Kostenanstieg - Strom, Heizung, Treibstoff - für Privathaushalte und Unternehmen. Zur Bewältigung der gestiegenen Kosten hatte Olaf Scholz eine Finanzhilfe von 200 Mrd Euro verabschiedet, den sogenannten "Doppelwumms".
- Außerdem wurde die Ukraine in doppelter Hinsicht unterstützt. Damit Putin den Krieg nicht gewinnt und mit seiner Expansionspolitik nicht andere europäische Staaten unter Druck setzt, erhält die Ukraine *finanzielle, humanitäre und militärische Hilfe*. Die größte Unterstützung bekommt das Land von den USA (insgesamt knapp 85 Mrd bis August 2024) und von den EU-Institutionen (knapp 44 Mrd). Deutschland hat die Ukraine in demselben Zeitraum mit 15,1 Mrd Euro unterstützt (zum Vergleich Frankreich: 4,6 Milliarden).
- Ein zweiter Aspekt der Ukraine-Hilfe besteht in der *Aufnahme von Flüchtlingen*. Von allen europäischen Ländern hat Deutschland in absoluten Zahlen mit über 1,2 Millionen Personen mehr ukrainische Flüchtlinge aufgenommen als jedes andere europäische Land. Proportional zu der Bevölkerung halten sich aber in Ländern wie Tschechien, Estland, Polen, Litauen, Lettland mehr Geflüchtete aus der Ukraine auf als in Deutschland. Die Ukraine-Flüchtlinge sind den Bürgergeldempfängern rechtlich gleichgestellt. Das bedeutet, dass sie Bürgergeld (563 Euro pro Monat) erhalten, Hilfe für Wohnung und Heizung bekommen und eventuell an Sprachkursen teilnehmen können.

Die Ampelkoalition und ihr Ende

Vokabelhilfe

s energiepolitische Umdenken	la réorientation, redéfinition de la politique énergétique
r Import von russischem Gas	l'importation du gaz russe
s Flüssiggasterminal, -s	le port, le terminal méthanier
e Küste, -n	la côte
e Erdgasversorgung	l'approvisionnement en gaz naturel
e Neuausrichtung der Energiepolitik	la réorientation, redéfinition de la politique énergétique
r Kostenanstieg, -e	la hausse du coût
r Strom	l'électricité
e Heizung, -en	le chauffage
r Treibstoff, -e	le carburant
eine Finanzhilfe verabschieden	adopter une aide financière
jmden unter Druck setzen	mettre qn sous pression
in demselben Zeitraum	dans la même période
Flüchtlinge auf/nehmen (imm/ahm/omm)	accueillir des réfugiés
r Flüchtling, -e; r Geflüchtete (adj.-subst.)	le réfugié
jmdem rechtlich gleichgestellt sein	être juridiquement assimilé à qn
s Bürgergeld	l'équivalent du RSA (revenu de solidarité active)
r Bürgergeldempfänger, -	la personne bénéficiaires du *Bürgergeld*
an einem Sprachkurs teil/nehmen (imm/ahm/omm)	participer à un cours de langue

KAPITEL 7

Als Fazit lässt sich also sagen, dass die finanziellen Kosten des Ukraine-Krieges für Deutschland sehr hoch sind. Außerdem wird sich das Selbstverständnis Deutschlands ändern müssen, weil der Angriffskrieg Russlands gezeigt hat, dass auch eine pazifistische Wirtschafts- und Handelsmacht einer militärischen Absicherung bedarf und die USA unter Trump vielleicht nicht mehr bereit sein werden, die Sicherheit des europäischen Kontinents zu gewährleisten. Und schließlich sind auch die innenpolitischen Kosten hoch. Gerade im Osten ist die Ukraine-Hilfe nicht populär. Forderungen nach stärkeren Friedensbemühungen werden dort - vor allem von der AfD und neuerdings dem Bündnis Sahra Wagenknecht (BSW) - lauter gestellt als anderswo.

Die Ampelkoalition und die Wirtschaft

In der Zeit der Ampelkoalition ist Deutschland in eine Rezession geraten. Automobil- und Chemieindustrie stecken in einer Krise. Der ökologische Umbau von Wirtschaft und Gesellschaft - vor allem die grüne Mobilitätswende - stockt. Zudem sind nicht alle Maßnahmen unbedingt wirtschaftsfreundlich: Die Erhöhung des Mindestlohns gehört genauso dazu, wie die Umwandlung von Hartz IV in Bürgergeld und das sogenannte Lieferkettengesetz.
- Bereits 2015 wurde *ein gesetzlicher Mindestlohn* von 8,50 € eingeführt. Im Juli 2021, d.h. sechs Monate vor Amtsantritt der Ampelkoalition, belief er sich auf 9,60 €. Vor allem auf Betreiben der SPD wurde er stark angehoben. Seit Januar 2024 beträgt er 12,41 € und ab 2025 12,82 €. In zehn Jahren wurde er also um 50% erhöht. Insgesamt erhalten 15% aller Beschäftigten Mindestlohn, d.h. etwa 5,8 Millionen Arbeitnehmer. Gerade für kleinere Betriebe wie zum Beispiel in der Gastronomie kann sich der Mindestlohn als eine finanzielle Belastung und Wachstumsbremse erweisen.

DIE AMPELKOALITION UND IHR ENDE

Vokabelhilfe

s Selbstverständnis Deutschlands	l'image, la perception que l'Allemagne a de elle-même
r Angriffskrieg, -e	la guerre d'agression
e Wirtschafts- und Handelsmacht	la puissance économique et commerciale
einer militärischen Absicherung (gén.) bedürfen	avoir besoin d'une garantie militaire
die Sicherheit des europäischen Kontinents gewährleisten	garantir la sécurité du continent européen
Forderungen (pl.) nach stärkeren Friedensbemühungen stellen	exiger que les efforts pour conclure la paix soient soutenus plus
in eine Rezession geraten (ä/ie/a) (SEIN)	connaître une récession (changement d'état)
in einer Krise stecken	connaître une récession (état)
e grüne Mobilitätswende	la transition vers la mobilité verte
stocken	ne pas avancer, avancer péniblement
r gesetzliche Mindestlohn, ¨-e	le salaire légal minimum
s Lieferkettengesetz	loi relative au devoir de vigilance des sociétés mères et des entreprises donneuses d'ordre
r Amtsantritt der Ampelkoalition	l'entrée en fonction de la coalition dite "feu tricolore"
auf Betreiben + gén.	à l'initiative de qn
…% aller Beschäftigten	… % des salariés
r Arbeitnehmer, -	le salarié
e Wachstumsbremse	le frein à la croissance

KAPITEL 7

- Ein weiteres wichtiges Anliegen der SPD war die Reform von Hartz IV. Die Kürzung von Dauer und Höhe der Arbeitslosenleistungen unter Gerhard Schröder 2005 hat der Wettbewerbsfähigkeit der deutschen Unternehmen gutgetan. Politisch musste die SPD dafür jedoch einen hohen Preis zahlen. Mit dem sogenannten Bürgergeld gilt nun seit dem 1. Januar 2023 eine neue Grundsicherung, die großzügiger und humaner sein soll als Hartz IV. Das Bürgergeld unterscheidet sich von Hartz IV durch eine deutlich erhöhte Leistung und geringere Zwänge und Sanktionen. Der Betrag des Bürgergelds liegt jetzt bei 563 Euro für einen alleinstehende Empfänger, plus Geld für Unterkunft und Heizung. Außerdem gilt im ersten Jahr, in dem ein Anspruchsberechtigter das Bürgergeld bezieht, die sogenannte Karenzzeit: Das bedeutet, dass der Leistungsempfänger, der Vermögen besitzt (bis 40.000 €), keine Abzüge von der Leistung hat. Das nennt man das sogenannte Schonvermögen. Außerdem werden in den ersten zwölf Monaten die tatsächlichen Kosten für die Unterkunft übernommen. Und schließlich hat die Reform die Sanktionen deutlich gemildert, wenn Bürgergeldempfänger ein Jobangebot ablehnen oder an einer Integrationsmaßnahme nicht teilnehmen. Die Empfänger verlieren dann zwischen 10 und 30% des Bürgergeldes. Die Sanktionsmöglichkeiten waren bei Hartz IV deutlich drastischer. 2023 bekamen rund 5,5 Millionen Menschen Bürgergeld. Das entspricht 6,5% der Bevölkerung. Die Kritiker der Reform behaupten jedoch, dass das Bürgergeld zu hoch und die Sanktionsmöglichkeiten zu gering sind, so dass Arbeitslose nicht genug Anreize haben, sich aktiv um eine Integration in den Arbeitsmarkt zu bemühen.

DIE AMPELKOALITION UND IHR ENDE

Vokabelhilfe

s Anliegen, -	ici : l'objectif
e Kürzung von Dauer und Höhe der Arbeitslosenleistungen	la réduction de la durée et du montant des allocations chômage
der Wirtschaft (datif) gut/tun	être bénéfique aux entreprises
e Wettbewerbsfähigkeit	la compétitivité
e Grundsicherung	le minimum existentiel
e deutliche erhöhte Leistung, -en	la nette augmentation de la prestation
r Zwang, ¨-e	la contrainte
r Betrag, ¨-e	le montant
alleinstehend	célibataire
e Unterkunft, ¨-e	le logement, l'habitation
r Anspruchsberechtigte (adj.subst.), r Leistungsempfänger, -	l'ayant-droit
s Vermögen, -	la fortune, la patrimoine
r Abzug, ¨-e von der Leistung	la somme déduite de l'allocation
etw. schonen	ménager qqch
etw. mildern	atténuer qqch
ein Jobangebot ab/lehnen	refuser une offre d'emploi
r Anreiz, -e	l'incitation
r Arbeitslose (adj.subst.)	le chômeur
e Integration in den Arbeitsmarkt	l'intégration dans le marché de l'emploi

- Die Grünen und die SPD waren die entscheidenden Initiatoren des sogenannten Lieferkettensorgfaltspflichtengesetzes, kurz Lieferkettengesetz. Auf Französisch heißt ein ähnliches Gesetz *loi relative au devoir de vigilance des sociétés mères et des entreprises donneuses d'ordre* und existiert mit etwas anderen Detailregelungen seit 2017. Seit 2024 verpflichtet das bundesdeutsche Lieferkettengesetz alle Unternehmen in Deutschland ab 1.000 Mitarbeitern, dafür zu sorgen, dass in den Zulieferbetrieben im Ausland z.B. die Menschenrechte respektiert werden, keine Kinder arbeiten, faire Löhne bezahlt werden und die Umwelt nicht unnötig belastet wird. Dazu müssen die Unternehmen eine Grundsatzerklärung abgeben, eine Risikoanalyse vornehmen und Strukturen und Prozesse für mögliche Beschwerden einrichten sowie einen jährlichen Bericht zur Einschätzung der Lage veröffentlichen. Bei Verstößen gegen die festgelegten Grundsätze muss das Unternehmen tätig werden. Für die Unternehmen bedeutet das Lieferkettengesetz natürlich einen höheren bürokratischen Aufwand. Außerdem ist es nicht immer möglich, die Lieferketten genau zu überwachen, sodass dadurch juristische Unsicherheiten entstehen. Kritiker sehen darin eine "typisch grüne" Regulierungswut und potentielle Nachteile deutscher bzw. europäischer Unternehmen gegenüber Firmen in Ländern, die keine derartigen Schutzmechanismen kennen.

Gesellschaftspolitische Initiativen: drei Beispiele

Die gesellschaftspolitischen Initiativen wurden weniger kontrovers diskutiert als all jene Gesetze und Maßnahmen, die den Bundeshaushalt belasteten. Jedenfalls kam der Widerstand nicht aus den Reihen der Koalitionäre, auch wenn die Opposition vielen dieser Entscheidungen äußerst kritisch gegenüberstand.

Die Ampelkoalition und ihr Ende

Vokabelhilfe

s Gesetz, -e	la loi
etwas andere Detailregelungen (pl.)	des règles dont les détails sont différents
jmden verpflichten, etw. zu tun	obliger qn à faire qqch
dafür sorgen, dass ...	faire en sorte que
alle Unternehmen ab 1.000 Mitarbeitern	toutes les entreprises ayant plus de 1 000 salariés
r Zulieferbetrieb, -e	le sous-traitant
die Menschenrechte respektieren	respecter les droits de l'homme
die Umwelt nicht unnötig belasten	ne pas polluer l'environnement excessivement
eine Grundsatzerklärung ab/geben (i/a/e)	remettre une déclaration de principes
e Beschwerde, -n	la plainte
r jährliche Bericht zur Einschätzung der Lage	le rapport annuel pour évaluer la situation
r Verstoß, ¨-e gegen + acc.	la violation de qqch
Grundsätze fest/legen	fixer les principes
r Aufwand	l'effort, les efforts, les dépenses
etw. überwachen	surveiller qqch
e Regulierungswut	la fureur réglementaire
r Nachteil, -e	l'inconvénient, ici : la discrimination
r Schutzmechanismus, ...ismen	le dispositif de protection
den Bundeshaushalt belasten	peser sur le budget de l'État

KAPITEL 7

- *Das Selbstbestimmungsgesetz (in Kraft getreten: November 2024)*: Ein Anliegen der grünen Kernwählerschaft galt der Verbesserung der Lebensbedingungen vor allem sexueller Minderheiten: Das Selbstbestimmungsgesetz sieht vor, dass jeder Erwachsene - einmal pro Jahr - mit einem einfachen Behördengang seinen amtlichen Geschlechtseintrag ändern kann. Minderjährige ab 14 Jahren können dies mit Einverständnis der Eltern tun. Unter 14 Jahren müssen die Eltern an Stelle des Kindes die Erklärung abgeben. Gerade in konservativen Kreisen wird das Gesetz kritisiert: aus prinzipiellen Gründen, weil jungen Menschen in einer unsicheren Lebensphase weitreichende Entscheidungen zugemutet werden, und aus praktischen Gründen, weil sich Männer, die sich amtlich ein anderes Geschlecht ausstellen lassen, Zugang zu Frauenorten (z.B. Sauna) verschaffen könnten.

Ein Beispiel: Vor kurzem wurde bekannt, dass der verurteilte Rechtsextremist Sven Liebich seinen Geschlechtseintrag hat ändern lassen. Sollte der Revisionsantrag des Rechtsextremisten (der Rechtsextremistin?) abgelehnt werden, könnte Marla-Svenja Liebich, wie er (sie?) inzwischen heißt - zumindest theoretisch - seine (ihre?) Strafe in einem Frauengefängnis absitzen. Es dürfte sich bei dieser Änderung des Geschlechtseintrags um eine gezielte Provokation handeln. Nach Meinung von Kritikern des Gesetzes zeigt es jedoch, dass dieses Gesetz, das eine verschwindend geringe Minderheit betrifft, zu Missbrauch einlädt und allgemein für Rechtsunsicherheit sorgt.

- *Erleichterter Zugang zur deutschen Staatsangehörigkeit (in Kraft getreten: Juni 2024)*: Mit der Reform der Einbürgerung ist es nun möglich, bereits nach fünf Jahren Aufenthalt in Deutschland (an Stelle von acht Jahren) die deutsche Staatsbürgerschaft zu beantragen. Bei besonderen Integrationsleistungen können auch drei Jahre genügen.

Die Ampelkoalition und ihr Ende

Vokabelhilfe

e Selbstbestimmung	l'autodétermination
e Kernwählerschaft, -en	l'électorat traditionnel (d'un parti)
r Behördengang	la démarche administrative
seinen amtlichen Geschlechtseintrag ändern	changer officiellement son genre
r Minderjährige (adj.subst.)	le mineur
mit Einverständnis der Eltern	avec l'accord des parents
jmdem etw. zu/muten	imposer qqch à qn, obliger qn à faire qqch
sich amtlich ein anderes Geschlecht ausstellen lassen	faire valider par l'administration le changement de son genre
r Zugang zu Frauenorten	l'accès à des endroits réservés aux femmes
r in erster Instanz verurteilte Rechtsextremist	l'extrémiste de droite, condamné en première instance
r Revisionsantrag, ¨-e	la demande de révision (d'un jugement)
eine Strafe ab/sitzen (aß/ess)	purger une peine
s Frauengefängnis, -se	la prison de femmes
e verschwindend geringe Minderheit	la minorité infime
zu Missbrauch ein/laden (ä/u/a)	faciliter les abus
für Rechtsunsicherheit sorgen	créer de l'insécurité juridique
e Einbürgerung, -en	la naturalisation
die Staatsbürgerschaft beantragen	demander la nationalité

KAPITEL 7

Voraussetzung sind Sprachkenntnisse, der Nachweis, seinen Lebensunterhalt selbstständig - d.h. ohne staatliche Sozialleistungen - bestreiten zu können, ein Bekenntnis zur freiheitlich-demokratischen Grundordnung sowie zur "besonderen historischen Verantwortung Deutschlands für die nationalsozialistische Unrechtsherrschaft und ihre Folgen, insbesondere für den Schutz jüdischen Lebens". Kritiker aus dem bürgerlichen Lager sprechen von einem "Verramschen" der deutschen Staatsbürgerschaft oder - etwas zurückhaltender - von einer Entwertung.

- *Teillegalisierung von Cannabis (in Kraft getreten: April 2024)*: Um den Cannabis-Konsum sicherer zu machen und den Schwarzmarkt auszutrocknen, wurde der Konsum zum Teil legalisiert. Man darf für den Eigenbedarf Cannabis anbauen und bis zu 50 g besitzen, aber im öffentlichen Raum nur 25 g bei sich führen. Es gibt die Möglichkeit, nicht-kommerzielle Anbauvereinigungen zu bilden. Gleichzeitig wird in ausgewählten Regionen getestet, ob der Aufbau von kommerziellen Lieferketten eine längerfristige Perspektive darstellt. Auch hier heißt es aus konservativen Kreisen, dass Risiken für die psychische Gesundheit gerade junger Menschen bestehen und dass es nicht erwiesen sei, dass der illegale Drogenhandel dadurch erfolgreich bekämpft werden kann.

Die Ampelkoalition und ihr Ende

Vokabelhilfe

e Voraussetzung, -en für + acc.	la condition (préalable)
r Nachweis, -e	la preuve
seinen Lebensunterhalt selbstständig bestreiten	subvenir à ses besoins sans l'aide d'un tiers
e staatliche Sozialleistung, -en	l'allocation sociale
s Bekenntnis zur freiheitlich-demokratischen Grundordnung	l'adhésion au régime libéral et démocratique
e nationalsozialistische Unrechtsherrschaft	la dictature nazie
s bürgerliche Lager	le camp des conservateurs ; les partis conservateurs
etw. verramschen	brader qqch
etw. entwerten	dévaloriser qqch
den Schwarzmarkt aus/trocknen	assécher le marché noir
r Eigenbedarf	le besoin personnel
Cannabis an/bauen	cultiver du cannabis
im öffentlichen Raum	dans l'espace public
eine Vereinigung bilden	créer une association
r Aufbau von kommerziellen Lieferketten	la mise en place d'une chaîne d'approvisionnement à caractère commercial
e psychische Gesundheit	la santé psychique et mental
erwiesen sein, dass ...	être prouve que
r illegale Drogenhandel	le trafic de drogue

Kapitel 8:
Frankreich, Deutschland und die europäische Integration

Frankreich und Deutschland gehören zu jenen Staaten, die den Grundstein für die europäische Integration gelegt haben. Allgemein gelten die beiden Nachbarländer als die beiden wichtigsten Antriebskräfte der europäischen Einigung. In dem vorliegenden Kapitel soll gezeigt werden, dass der Integrationsprozess Europas insgesamt eine Erfolgsgeschichte ist, dass auch die Osterweiterung, die 2024 ihren 20. Jahrestag feierte, diese positive Einschätzung alles in allem bestätigt und dass diese Erfolge ohne eine enge deutsch-französische Zusammenarbeit nicht möglich gewesen wären. Im Anschluss daran erinnern wir an die wichtigen Europäer Jacques Delors und Wolfgang Schäuble, die zur Generation der Baumeister Europas zählen und im Dezember 2023 kurz nacheinander verstorben sind. Die Frage ist, ob die Nachfolgegeneration nach dem Verschwinden der ersten und zweiten Generation der Europäer noch mit derselben Begeisterung den europäischen Gedanken verfolgt. Einiges deutet darauf hin, dass der deutsch-französische Motor womöglich nicht mehr so rund läuft wie in der Vergangenheit. Der letzte Abschnitt lotet schließlich aus, welche internen und externen Faktoren den Integrationserfolg Europas erklären können, und geht der Frage nach, ob diese Faktoren auch heute noch gegeben sind.

FRANKREICH, DEUTSCHLAND UND DIE EUROPÄISCHE INTEGRATION

Vokabelhilfe

den Grundstein für die europäische Integration legen	jeter les fondements de l'intégration européenne
s Nachbarland, ¨-er	le pays voisin
die Antriebskräfte (pl.) der europäischen Einigung	les forces motrices de la construction européenne
r Integrationsprozess Europas	le processus d'intégration de l'Europe
eine Erfolgsgeschichte sein	être une réussite
e Osterweiterung	l'élargissement à l'Est
seinen 20. Jahrestag feiern	fêter, célébrer ses vingt ans
e enge deutsch-französische Zusammenarbeit	l'étroite coopération franco-allemande
r Europäer, -	l'Européen
zur Generation der Baumeister Europas zählen	faire partie de la génération des bâtisseurs de l'Europe
e Nachfolgegeneration, -en	la génération qui suit, a suivi
e Begeisterung	l'enthousiasme
r europäische Gedanke	l'idée européenne
r deutsch-französische Motor	le moteur franco-allemand
Der Motor läuft nicht mehr so rund wie in der Vergangenheit.	Le moteur tombe plus souvent en panne que par le passé.
etw. aus/loten	sonder qqch, explorer qqch
auch heute noch gegeben sein	exister toujours de nos jours

KAPITEL 8

Die europäische Integration, die Osterweiterung und die Bedeutung der deutsch-französischen Zusammenarbeit
- *Der europäische Einigungsprozess - eine Erfolgsgeschichte*: Die europäische Integration nach 1945 ist im Großen und Ganzen eine Erfolgsgeschichte. Aus den sechs Gründerstaaten der EGKS (Europäische Gemeinschaft für Kohle und Stahl) 1951 und der Römischen Verträge 1957 ist eine Union mit 27 Mitgliedsstaaten geworden, die trotz des Austritts des Vereinigten Königreichs auf viele Staaten in Osteuropa eine große Anziehungskraft ausübt. Seit 1945 gab es keine kriegerischen Auseinandersetzungen zwischen Staaten in Westeuropa mehr. Das friedliche Miteinander und die grenzüberschreitende Zusammenarbeit ist für die meisten Bürger Europas heute eine Selbstverständlichkeit. Die EU ist durch die engen Verbindungen zwischen den Ländern eine Friedensmacht geworden. Auch in wirtschaftlicher Hinsicht sind die europäischen Länder durch die EU zusammengewachsen. Zwischen den EU-Staaten herrscht Freizügigkeit. Sie haben einen gemeinsamen Binnenmarkt mit rund 450 Millionen Einwohnern. Seit 2002 gilt eine europäische Gemeinschaftswährung, der inzwischen 20 EU-Staaten angehören. In der Vergangenheit hat die EU gezeigt, dass sie auch große Krisen erfolgreich bewältigen kann: Die Staatsschuldenkrise in mehreren südeuropäischen Ländern (vor allem Griechenland) zwang die Eurostaaten zu milliardenschweren Rettungspaketen, um den Euro zu stabilisieren. In der Pandemie wurde 2020 trotz anfänglichen Widerstandes aus Deutschland schließlich ein Hilfsprogramm in Höhe von 750 Milliarden Euro verabschiedet ("Next Generation EU"), das zum Teil durch gemeinschaftliche Schulden finanziert wurde. Die EU wirkt relativ krisenresistent.

Frankreich, Deutschland und die Europäische Integration

Vokabelhilfe

r Gründerstaat, -en	le pays fondateur
e EGKS	la CECA
die Römischen Verträge (pl.)	le traité de Rome
r Mitgliedsstaat, -en	le pays membre
r Austritt des Vereinigten Königreichs (aus der EU)	la sortie du Royaume-Uni de l'UE
eine große Anziehungskraft auf jmden aus/üben	être très attractif pour qn
e kriegerische Auseinandersetzung, -en	le conflit militaire
s friedliche Miteinander	la coexistence pacifique
e grenzüberschreitende Zusammenarbeit	la coopération transfrontalière
eine Selbstverständlichkeit sein	aller de soi
die engen Verbindungen zwischen den Ländern	les relations étroites entre les pays
zusammen/wachsen (ä/u/a) (SEIN)	se rapprocher
e Freizügigkeit	la libre circulation
r gemeinsame Binnenmarkt	le marché intérieur commun
e Gemeinschaftswährung	la monnaie commune
e Staatsschuldenkrise	la crise de la dette souveraine
die Eurostaaten (pl.)	les pays de l'euro
s milliardenschwere Rettungspaket, -e	le plan de sauvetage s'élevant à des centaines de milliards d'euros
gemeinschaftliche Schulden (pl.)	des dettes communes

KAPITEL 8

- *Die Osterweiterung - ein Beispiel für die Erfolgsgeschichte Europas ... mit einigen Einschränkungen*: Am 1. Mai 2024 feierte man in Europa den 20. Jahrestag der Osterweiterung. Zwei Jahrzehnte zuvor waren acht ehemalige sowjetische Satellitenstaaten sowie Zypern und Malta der EU beigetreten. Insgesamt lässt sich eine eher positive Bilanz der Osterweiterung ziehen. In wirtschaftlicher Hinsicht hat sich das Wohlstandsniveau in den osteuropäischen Ländern seit 2004 deutlich verbessert. Das hat fraglos auch mit dem Beitritt zum Binnenmarkt und den Finanzhilfen der EU zu tun. Slowenien und Tschechien liegen inzwischen dicht am Durchschnitt des BIPs der EU. Und dass es zum Beispiel auch in Polen bergauf geht, zeigt die Tatsache, dass das Land seit 2018 ein positives Wanderungssaldo verzeichnet. Viele Polen verließen das Land nach dem EU-Beitritt, kehren nun aber wieder in ihre Heimat zurück. Wirtschaftlich hat auch eine Industrienation wie Deutschland in unmittelbarer Nachbarschaft zu den Beitrittsstaaten profitiert: durch die Verlagerung von Produktionseinheiten in die billigeren osteuropäischen Länder und die Exporte von Gütern. Außerdem hat die EU sicherlich dazu beigetragen, die Demokratie in Osteuropa zu stabilisieren und - zumindest bisher - vor Putins Begehrlichkeiten zu schützen. Daran ändert auch die Tatsache nichts, dass zwei Länder Osteuropas, Ungarn und Polen, aus Sicht Brüssels und einiger westeuropäischer Staaten von den Rechtsstaatsnormen der EU abweichen, und Korruption und Vetternwirtschaft gerade in Ungarn ein bekanntes Problem darstellen. Auch scheint das, was man im Westen als Rechtspopulismus bezeichnet, in einigen osteuropäischen Ländern als politischer Machtfaktor fest verankert zu sein. Aber das Eurobarometer zeigt Jahr für Jahr, dass die Bürger allgemein mehr Vertrauen in die EU-Institutionen haben als in die nationalen Parlamente bzw. Regierungen.

FRANKREICH, DEUTSCHLAND UND DIE EUROPÄISCHE INTEGRATION

Vokabelhilfe

mit einigen Einschränkungen	avec quelques réserves
ehemalige sowjetische Satellitenstaaten (pl.)	les anciens pays satellites de l'URSS
der EU (dat.) bei/treten (itt/at/et)	adhérer à l'UE
s Wohlstandsniveau	le niveau de richesses, la prospérité
die osteuropäischen Länder (pl.)	les pays de l'Europe de l'Est
r Beitritt zu + dat.	l'adhésion à qqch
die Finanzhilfen (pl.) der EU	les aides financières, les subventions accordées par l'UE
Auch in Polen geht es bergauf.	La Pologne aussi remonte la pente.
s Wanderungssaldo	le solde migratoire
wieder in seine Heimat zurück/kehren (SEIN)	retourner dans son pays (d'origine)
in unmittelbarer Nachbarschaft zu den Beitrittsstaaten	dans le voisinage direct des nouveaux pays membres
e Verlagerung von Produktionseinheiten + directif	la délocalisation de la production, d'usines
r Export, -e von Gütern	l'exportation de produits, de marchandises
e Begehrlichkeit, -en	la convoitise
von + dat. ab/weichen (i/i)	s'écarter de qqch
e Vetternwirtschaft	le népotisme
fest verankert sein	être solidement ancré
s Vertrauen in die EU-Institutionen	la confiance dans les institutions de l'UE

KAPITEL 8

- *Eine Voraussetzung für die europäische Erfolgsgeschichte - die Aussöhnung und enge Zusammenarbeit zwischen Frankreich und Deutschland*: Im 19. und der ersten Hälfte des 20. Jahrhunderts stritten Deutschland und Frankreich um die Vorherrschaft auf dem europäischen Kontinent. Diese "Erbfeindschaft" war ein Grund für die Zerstörungen des Ersten und Zweiten Weltkriegs. Dass de Gaulle und Konrad Adenauer - und mit ihnen die Mehrheit der Bevölkerungen ihrer Länder - bereit waren, eine Aussöhnung in die Wege zu leiten, war die Voraussetzung dafür, dass zuerst der westeuropäische Kontinent zusammenwachsen und später der gesamte europäische Kontinent wiedervereinigt werden konnte. Von zentraler Bedeutung dafür war der Elysée-Vertrag (1963), der regelmäßige Konsultationen zwischen den Regierungen der beiden Länder vorsah, um ihre Politik abzustimmen, und u.a. auch den regelmäßigen Austausch der Jugend beider Länder durch das Deutsch-Französische Jugendwerk (DFJW) förderte. In den 1970er Jahren arbeiteten Helmut Schmidt und Valéry Giscard d'Estaing eng zusammen genau wie François Mitterrand und Helmut Kohl in den 80er und 90er Jahren. Ihr Bild, auf dem man die beiden Staatsmänner Hand in Hand in Verdun stehen sieht, ist ein Symbol für diesen Aussöhnungsprozess. Aber auch in den Folgejahren ist es dem deutsch-französischen "Paar" in der Finanz-, Staatsschulden- und Eurokrise ab 2008 (Sarkozy und Merkel), der ersten Ukraine-Krise 2014 (Hollande und Merkel), der Pandemie (Macron und Merkel) trotz aller Gegensätze, Meinungsverschiedenheiten und unterschiedlichen Interessen immer wieder gelungen, gemeinsame Lösungen zu finden. Tendenziell gilt, dass die Zusammenarbeit in Europa ins Stocken gerät, wenn Deutschland und Frankreich nicht an einem Strang ziehen, und dass Integration und Krisenmanagement funktionieren, wenn beide Länder Hand in Hand arbeiten.

Frankreich, Deutschland und die Europäische Integration

<u>Vokabelhilfe</u>

e Aussöhnung	la réconciliation
um die Vorherrschaft auf dem europäischen Kontinent streiten (itt/itt)	se disputer l'hégémonie du continent européen
e Erbfeindschaft	le conflit, l'hostilité héréditaire
etw. wieder/vereinigen	réunifier qqch
r Elysée-Vertrag	le traité de l'Élysée
regelmäßige Konsultationen zwischen + dat. vor/sehen (ie/a/e)	prévoir des consultations régulières entre...
etw. ab/stimmen	ici : accorder, faire converger qqch
r Austausch der Jugend beider Länder	les échanges réguliers entre les jeunesses des deux pays
s Deutsch-Französische Jugendwerk	l'Office franco-allemand de la jeunesse (OFAJ)
eng zusammen/arbeiten	coopérer étroitement
r Staatsmann, ¨-er	l'homme d'État
s deutsch-französische "Paar", -e	le couple franco-allemand
trotz aller Gegensätze und Meinungsverschiedenheiten	malgré toutes les divergences et points de vue différents
gemeinsame Lösungen finden	trouver des solutions communes
ins Stocken geraten (ä/ie/a) (SEIN)	tomber en panne
an einem Strang ziehen (og/og)	œuvrer dans le même sens
Hand in Hand arbeiten	travailler main dans la main

KAPITEL 8

Die letzten Baumeister Europas treten ab: Jacques Delors und Wolfgang Schäuble

Es ist eine Ironie der Geschichte, dass mit Wolfgang Schäuble, 81, und Jacques Delors, 98, zwei eminent wichtige Persönlichkeiten der europäischen Integration am 26. bzw. 27. Dezember 2023 nur wenige Stunden nacheinander verstorben sind. Damit verliert Europa seine letzten großen Baumeister, zwei Politiker, die eine zentrale Rolle bei Aufbau und Erhalt der Gemeinschaftswährung gespielt haben. Wird die junge Generation europäischer Spitzenpolitiker das Gemeinschaftswerk bewahren können? Oder werden die internen Kräfte - europaskeptische und nationalkonservative Parteien, unterschiedliche Erwartungen in West- und Osteuropa an die EU - und die externen Kräfte - USA, Russland, China - Zweifel an der europäischen Einigung säen?

- *Jacques Delors (1925-2023)*: Jacques Delors stammt aus einfachen Verhältnissen. Sein Vater war ein kriegsversehrter Veteran des Ersten Weltkriegs. Sein wiederholter Appell an den eigenen Sohn, dass Frankreich und Deutschland eine Verständigung finden müssen, um weitere Katastrophen zu vermeiden, war für den jungen Jacques genauso prägend wie sein eigenes Weltkriegserleben und seine Erfahrung, wie schnell eine Welt aus den Fugen geraten kann. In seinem Leben als Politiker trat die nationale Karriere stets vor dem europäischen Gemeinwohl in den Hintergrund. Als Kommissionspräsident war er maßgeblich verantwortlich für die Einheitliche Europäische Akte (1986), die den europäischen Binnenmarkt vollendete. Der französische Sozialist mit christlichem Weltbild gilt zudem als einer der Väter der europäischen Einheitswährung, für die er 1988 die Blaupause ausgearbeitet hatte und für die er mit dem Vertrag von Maastricht (1992) den Grundstein legte.

Frankreich, Deutschland und die Europäische Integration

Vokabelhilfe

ab/treten (itt/at/et) (SEIN)	quitter la scène, tirer sa révérence
r Baumeister, -	le bâtisseur
versterben (i/a/o) (SEIN)	décéder
r Aufbau und Erhalt der Gemeinschaftswährung	la construction et la conservation de la monnaie commune
das Gemeinschaftswerk bewahren	préserver l'œuvre communautaire
Zweifel an + dat. säen	semer le doute sur qqch
r kriegsversehrte Veteran des Ersten Weltkriegs	le vétéran mutilé de la Grande guerre
eine Verständigung finden (a/u)	s'entendre, trouver un terrain d'entente
s Weltkriegserleben	ce que quelqu'un a vécu pendant la guerre
aus den Fugen geraten (ä/ie/a) (SEIN)	s désagréger, se disloquer
s europäische Gemeinwohl	le bien commun européen
r Kommissionspräsident, -en	le président de la Commission européenne
e Einheitliche Europäische Akte	l'Acte unique européen
den europäischen Binnenmarkt vollenden	accomplir le marché commun européen
s christliche Weltbild	la vision chrétienne du monde
einer der Väter der europäischen Einheitswährung	l'un des pères de la monnaie européenne commune
die Blaupause für + acc. aus/arbeiten	élaborer le plan, le projet, la feuille de route de qqch
r Vertrag von Maastricht	le traité de Maastricht

KAPITEL 8

- *Wolfgang Schäuble (1942-2023)*: Zwischen dem Sozialisten Jacques Delors und dem Christdemokraten Wolfgang Schäuble gibt es eine Reihe von Gemeinsamkeiten. Die starke christliche Prägung gehört dazu. Außerdem haben beide Politiker in ihrer Jugend erkannt, wie wichtig eine Verständigung zwischen Deutschland und Frankreich im Sinne eines europäischen Zusammenwachsens ist. Beide absolvierten ein rechts- und wirtschaftswissenschaftliches Studium, und so wie Jacques Delors die Einführung und den Aufbau der europäischen Einheitswährung betrieb, so bemühte sich Wolfgang Schäuble während der Griechenland-Krise (ab 2010) darum, dass das europäische Projekt nicht durch einen möglichen griechischen Staatsbankrott gefährdet wird und der Euro weiterhin stabil und vertrauenswürdig bleibt. Eine weitere Gemeinsamkeit zwischen den beiden Staatsmännern ist, dass weder Delors noch Schäuble trotz ihrer unbestrittenen Fähigkeiten mit dem höchsten Staatsamt ihres Landes betraut wurden: Delors, weil es ihn nicht wirklich interessierte, Schäuble, weil er im Zusammenhang mit der Kohlschen Parteispendenaffäre zu lange diskreditiert war. Das ändert allerdings nichts an der Tatsache, dass der CDU-Politiker auch national - und über fünf Jahrzehnte - eine zentrale politische Figur gewesen war. Und das, obwohl ein psychisch Kranker im Oktober 1990 einen Anschlag auf den Politiker verübte und Schäuble seit dieser Zeit im Rollstuhl saß. Als Innenminister der Bundesrepublik unterzeichnete er den Vertrag über die Herstellung der Einheit Deutschlands, den er zuvor ausgehandelt hatte. Zusammen mit dem damaligen Kanzler Helmut Kohl gilt er als Vater eines geeinten Deutschlands mit europäischer Verankerung. Emmanuel Macron würdigte am 22. Januar 2024, dem Jahrestag des Elysée-Vertrags, Schäubles Verdienste für Europa in einer Rede vor dem Bundestag mit den Worten: "Europa hat eine Säule verloren."

Frankreich, Deutschland und die Europäische Integration

Vokabelhilfe

r Sozialist, -en	le socialiste
r Christdemokrat, -en	le chrétien-démocrate
e christliche Prägung	la sensibilité chrétienne
s europäische Zusammenwachsen	le rapprochement des pays européens
s rechts- und wirtschaftswissenschaftliche Studium	les études d'économie et de droit
r griechische Staatsbankrott	la faillite de la Grèce
vertrauenswürdig	digne de confiance, crédible
s höchste Staatsamt, ¨-er	le mandat suprême
jmden mit + dat. betrauen	confier qqch à qn
e Parteispendenaffäre, -n	le scandale du financement illégal du parti
einen Anschlag auf + acc. verüben	perpétrer un attentat contre qqch
im Rollstuhl sitzen (aß/ess)	être en fauteuil roulant
r Innenminister, -	le ministre de l'Intérieur
r Vertrag über die Herstellung der Einheit Deutschlands	le traité d'unification entre la RFA et la RDA
einen Vertrag aus/handeln	négocier un traité
r damalige Kanzler	le chancelier de l'époque
r Vater eines geeinten Deutschlands mit europäischer Verankerung	le père d'une Allemagne unie, ancrée dans l'UE
die Verdienste + gén. würdigen	rendre hommage aux mérites de qn
e Säule, -n	le pilier

KAPITEL 8

- *Ausblick*: In Deutschland und in Frankreich sind inzwischen Politiker an der Macht, die die Prägungen der Zeit des Weltkrieges und der unmittelbaren Nachkriegszeit nur noch aus Erzählungen kennen. Bundeskanzler Olaf Scholz (SPD) ist 1958 geboren, sein Herausforderer Friedrich Merz (CDU) 1955, der Kanzlerkandidat der Grünen, Robert Habeck, und die BSW-Ikone Sahra Wagenknecht 1969, die AfD-Vorsitzende Alice Weidel und Christian Lindner (FDP) 1979. Der französische Staatspräsident Emmanuel Macron, der sich nach Kräften darum bemüht, das europäische Feuer am Brennen zu halten, ist Jahrgang 1977. Die heroische Zeit der deutsch-französischen Annäherung und Aussöhnung entspricht immer weniger einer persönlich gemachten Erfahrung. Die Begeisterung für das jeweilige Nachbarland scheint einer etwas gelangweilten Routine gewichen zu sein, die die Notwendigkeit der Zusammenarbeit theoretisch erkennt, aber praktisch immer seltener mit Leben füllt. Die Frage ist: Was passiert mit Europa, wenn Deutschland und Frankreich in Zukunft nicht länger ihre Funktion als Antriebskraft der europäischen Einigung erfüllen sollten?

Stimmungen und Verstimmungen zwischen Deutschland und Frankreich

Alle offiziellen Bekundungen können nicht darüber hinwegtäuschen, dass sich die Beziehungen zwischen Deutschland und Frankreich schon seit geraumer Zeit, und speziell seit dem Amtsantritt von Olaf Scholz Ende 2021, im Vergleich zu früheren Zeiten deutlich abgekühlt haben. Die aktuellen Krisen scheinen diese deutsch-französische Entkopplung zusätzlich zu verstärken.

FRANKREICH, DEUTSCHLAND UND DIE EUROPÄISCHE INTEGRATION

Vokabelhilfe

an der Macht sein	être au pouvoir
die Prägungen der Zeit des Weltkrieges	les empreintes que la guerre mondiale a laissées sur les mentalités
e unmittelbare Nachkriegszeit	les lendemains de la guerre
etw. nur noch aus Erzählungen kennen (annt/annt)	savoir qqch seulement par le récit des aînés
r Herausforderer, -	le challenger
e Vorsitzende (adj.subst.)	la présidente (d'un parti)
r französische Staatspräsident, -en	le président français
sich nach Kräften um + acc. bemühen	tout faire pour faire qqch
das europäische Feuer am Brennen halten (ä/ie/a)	maintenir la flamme européenne
e Annäherung	le rapprochement
etw. mit Leben füllen	donner vie à qqch
e Stimmung, -en	l'état d'esprit, l'ambiance, l'atmosphère
e Verstimmung, -en	le mécontentement, la contrariété, le désagrément
die offiziellen Bekundungen	les déclarations officielles
r Amtsantritt von Olaf Scholz	la prise de fonction d'Olaf Scholz
sich ab/kühlen	se refroidir
e deutsch-französische Entkopplung	le découplage franco-allemand

KAPITEL 8

- *Ankündigung des Goethe-Instituts, drei Niederlassungen in Frankreich zu schließen*: Vor diesem Hintergrund ist die Ankündigung des Goethe-Instituts 2023, drei Niederlassungen in Lille, Straßburg und Bordeaux zu schließen, ein Rückschlag für die kulturelle Zusammenarbeit zwischen den beiden Ländern. In den Augen der Kritiker dieser Entscheidung ist es der symbolische Nachweis dafür, dass Deutschland nicht mehr glaubt, dass in Frankreich ein kulturelles Interesse an Deutschland besteht oder dieses Interesse zumindest nicht mehr fördern möchte. Und natürlich hat diese Ankündigung auch mit dem Druck durch die Bundesregierung zu tun, die über die Bewilligung finanzieller Mittel Einfluss auf die strategische Ausrichtung des Goethe-Instituts nimmt. Angesichts einer weltweiten geopolitischen Neuordnung erscheint die deutsche Sprach- und Kulturvermittlung in Frankreich weniger wichtig als in anderen Regionen wie Polen, Moldawien oder auch den USA. Dort sollen neue Niederlassungen eröffnet werden.
- *"Doppelwumms" als unlauterer Wettbewerb?* Viel unmittelbarer mit der Bundespolitik verbunden ist die Kritik an dem sogenannten Doppelwumms. Bundeskanzler Scholz hatte diese Finanzspritze von 200 Mrd Euro für Haushalte und Unternehmen im Herbst 2022 angekündigt, als im Anschluss an den Ukraine-Krieg und die Russland-Sanktionen die Energiepreise in die Höhe schossen und die Unruhe und Unzufriedenheit unter der Bevölkerung zu wachsen drohte. Aus Frankreich kam daraufhin Kritik. Nicht nur der damalige französische Wirtschaftsminister Bruno Le Maire warnte vor einer unkoordinierten europäischen Reaktion auf die steigenden Energiepreise. Manche sahen in dem wirtschaftlichen Abwehrschirm einen weiteren deutschen Alleingang, der letztlich auf eine unlautere Förderung deutscher Unternehmen hinauslaufe.

Frankreich, Deutschland und die Europäische Integration

Vokabelhilfe

e Niederlassung, -en	l'établissement, la filiale
r Rückschlag, ¨-e	le coup dur
e kulturelle Zusammenarbeit	la coopération culturelle
r Nachweis, -e für + acc.	la preuve
s kulturelle Interesse an + dat.	l'intérêt culturel pour qqch
über die Bewilligung finanzieller Mittel (gén.pl.)	en accordant des ressources financières
e strategische Ausrichtung	l'orientation stratégique
e geopolitische Neuordnung	la réorganisation géopolitique
e Vermittlung, -en	la transmission
r unlautere Wettbewerb	la concurrence déloyale
e Finanzspritze, -n	l'injection de fonds, la subvention
r Haushalt, -e	ici : le foyer, le ménage
in die Höhe schießen (oss/oss) (SEIN)	s'envoler
die steigenden Energiepreise (pl.)	la hausse du prix de l'énergie
r wirtschaftliche Abwehrschirm, -e	le bouclier économique, financier
r Alleingang	la décision solitaire, le fait de faire cavalier seul
e Förderung + gén.	ici : la subvention

KAPITEL 8

- *Der Ukraine-Krieg: finanzielle Unterstützung (Deutschland) gegenüber strategischer Vision (Frankreich)*: Viele aktuelle Konflikte und Meinungsverschiedenheiten zwischen Deutschland und Frankreich haben direkt oder indirekt mit dem russischen Angriffskrieg in der Ukraine zu tun. Das gilt auch für die militärische Komponente, wobei die unterschiedliche Haltung der beiden Länder damit erklärt werden kann, dass Frankreich als Atommacht an der europäischen Peripherie eine strategische Souveränität besitzt, während das mitteleuropäische Deutschland auf den Schutz durch die NATO und die USA angewiesen ist. Für Verstimmungen sorgten in jüngster Vergangenheit:
  - die Tatsache, dass Deutschland im März 2022 angekündigt hat, amerikanische F-35 anstelle französischer oder europäischer Kampfjets zur Modernisierung seines Militärs zu kaufen;
  - die Tatsache, dass Scholz ein israelisch-amerikanisches Raketenabwehrsystem zusammen mit vierzehn anderen Partnerländern in Europa installieren möchte, an dem Frankreich nicht beteiligt wurde;
  - der Umstand, dass Scholz erst dann der Lieferung von Leopard 2-Panzern an die Ukraine zustimmte, nachdem der US-Präsident selbst Panzerlieferungen angekündigt hatte;
  - die Bemerkung des französischen Staatspräsidenten, dass er die Entsendung von Bodentruppen in die Ukraine nicht ausschließen wolle, worauf der Bundeskanzler erwiderte, dass dies mit ihm nicht zu machen sei;
  - die Tatsache, dass der französische Staatspräsident rhetorisch ein großes pro-ukrainisches Engagement zu erkennen gibt und praktisch die Ukraine finanziell deutlich weniger unterstützt als Deutschland (Stand August 2024: Deutschland - 15,1 Mrd €; Frankreich - 4,6); usw.

Frankreich, Deutschland und die Europäische Integration

<u>Vokabelhilfe</u>

die Meinungsverschiedenheiten (pl.)	les divergences d'opinion
r russische Angriffskrieg in der Ukraine	la guerre d'agression russe contre l'Ukraine
e unterschiedliche Haltung der beiden Länder	l'attitude différente des deux pays
e Atommacht, ¨-e	la puissance nucléaire
e strategische Souveränität	la souveraineté stratégique
s mitteleuropäische Deutschland	l'Allemagne, située au centre de l'Europe
auf den Schutz + gén. angewiesen sein	être tributaire, dépendant de la protection de qn
s Raketenabwehrsystem -e	le système anti-missiles
r Kampfjet, -s	l'avion de combat
e Lieferung, -en	la livraison
r Panzer, -	le char, le tank
e Entsendung von Bodentruppen in die Ukraine	l'envoi de troupe au sol en Ukraine
etw. aus/schließen (oss/oss)	exclure qqch
etw. zu erkennen geben (i/a/e)	faire montre de qqch, afficher qqch

Kapitel 8

- *Macron schwingt große Reden, Scholz hüllt sich in Schweigen*: Temperament und Kommunikationsstil der beiden Politiker könnten unterschiedlicher nicht sein. Ein Beispiel dafür ist auch die zweite Sorbonne-Rede des französischen Staatspräsidenten. Schon im Jahre 2017 hatte er seine europapolitische Vision an der berühmten Pariser Universität öffentlich gemacht. Seine Forderung nach einem souveränen, geeinten und demokratischen Europa, sein Wunsch nach einer gemeinsamen strategischen Kultur in Europa wurde von der damaligen Bundeskanzlerin mit Schweigen begrüßt. Nicht viel besser erging es ihm mit seiner zweiten Sorbonne-Rede 2024. Darin zieht er eine erste Bilanz der europäischen Entwicklung auf dem Weg zu mehr Souveränität und sagt den Satz: "L'Europe peut mourir." Und damit Europa nicht sterbe, müsse gehandelt werden - jetzt. Die Reaktion des Bundeskanzlers? Olaf Scholz begnügte sich mit der lakonischen Bemerkung, Macrons Rede enthalte gute Impulse. Dass Macron sich mehr Europa und eine engere Zusammenarbeit zwischen Deutschland und Frankreich wünscht, beweist auch die Tatsache, dass er zur Trauerfeier des verstorbenen Wolfgang Schäuble im Bundestag seine Rede zum Teil auf Deutsch gehalten hat. Sowohl Merkel als auch Scholz antworteten auf Macrons europäische Visionen mit großer Zurückhaltung und viel Nüchternheit.

Erfolgsvoraussetzungen und aktuelle Zukunftsperspektiven Europas

Der Erfolg der europäischen Einigung hängt mit mehreren Faktoren zusammen. Neben dem Wunsch der wesentlichen westeuropäischen Akteure, das Kapitel der zerstörerischen Kriege endlich abzuschließen, war eine weitere Voraussetzung für den Erfolg der internationale geopolitische Kontext mit dem sich abzeichnenden Konflikt zwischen den USA und der Sowjetunion.

FRANKREICH, DEUTSCHLAND UND DIE EUROPÄISCHE INTEGRATION

Vokabelhilfe

große Reden schwingen (a/u)	faire de grands discours pompeux
sich in Schweigen hüllen	se draper dans le silence
e europapolitische Vision, -en	la vision européenne
e Forderung nach + dat.	la demande, l'exigence, le désir
r Wunsch nach + dat.	le désir, la volonté
etw. mit Schweigen begrüßen	accueillir qqch sans rien dire
e europäische Entwicklung auf dem Weg zu mehr Souveränität	l'évolution européenne vers plus de souveraineté
sich mit + dat. begnügen	se contenter de qqch
e Trauerfeier + gén.	la cérémonie en l'honneur de... qui est décédé...
seine Rede zum Teil auf Deutsch halten (ä/ie/a)	faire son discours en partie en allemand
e Zurückhaltung	la réserve, la retenue
e Nüchternheit	le manque d'enthousiasme, la retenue, la mauvaise grâce
das Kapitel + gén. ab/schließen (oss/oss)	clore le chapitre de qqch
die zerstörerischen Kriege (pl.)	les guerres destructrices
r geopolitische Kontext	le contexte géopolitique
r sich abzeichnende Konflikt zwischen + dat.	le conflit qui se profile, se profilait entre ...

Kapitel 8

- *Interne Voraussetzungen für den Erfolg*: Angesichts der Zerstörungen zu Anfang des 20. Jahrhunderts wuchs bei vielen Akteuren das Bewusstsein, dass zwischen den widerstreitenden Interessen der Nationalstaaten in Europa ein Ausgleich gefunden werden musste, um ein europäisches Zusammenleben in Frieden und Wohlstand zu ermöglichen. Daran haben viele Akteure, vor allem aus dem Umfeld der Christdemokratie, teilgenommen. Zu der ersten Generation gehören Robert Schuman und Jean Monnet, zwei prominente Vertreter aus Frankreich, genau wie später Charles de Gaulle. Der italienische Christdemokrat Alcide de Gasperi zählt genauso dazu wie der bundesdeutsche Kanzler Konrad Adenauer. Ohne den Willen, die Gräben des Ultranationalismus zu überwinden, wäre Europa nicht möglich gewesen. Nur so konnten kriegswichtige Güter wie Kohle und Stahl in einer supranationalen Organisation (EGKS) vergemeinschaftet werden (1951). Mit der EWG (1957) wurde ein Wirtschaftsraum geschaffen, der anfangs für sechs Länder galt und inzwischen zu einem Binnenmarkt mit 27 Mitgliedsstaaten angewachsen ist. Aussöhnungs- und Annäherungsprozesse wurden durch eine Vielzahl von Initiativen gefördert, die persönliche Kontakte gerade zwischen der Jugend Europas ermöglichen sollten und diese bis heute erleichtern. Das Deutsch-Französische Jugendwerk war ein wichtiger Bestandteil des Elysée-Vertrags. Die inzwischen mehr oder weniger in Vergessenheit geratenen Städtepartnerschaften gehören ebenso dazu wie das Erasmus-Programm, der deutsch-französische Fernsehsender Arte oder das Interrailticket. All das dient der konkreten Erfahrung europäischer Nachbarschaft und hat das Ziel, das Verständnis für die Vielfalt der Lebensrealitäten und kulturellen Besonderheiten in Europa zu stärken. Der Grundgedanke dahinter: Eine geistige Abrüstung wird möglich durch regelmäßigen Kontakt und persönliche Kenntnis.

FRANKREICH, DEUTSCHLAND UND DIE EUROPÄISCHE INTEGRATION

Vokabelhilfe

die widerstreitenden Interessen (pl.) der Nationalstaaten	les intérêts divergents des États-nations
einen Ausgleich zwischen + dat. finden (a/u)	trouver un compromis, un terrain d'entente entre…
s europäische Zusammenleben in Frieden und Wohlstand	la coexistence européenne dans la paix et la prospérité
die Gräben (pl.) des Ultranationalismus überwinden (a/u)	surmonter le fossé de l'ultranationalisme
kriegswichtige Güter (pl.)	des biens indispensables pour faire la guerre
e Kohle	le charbon
r Stahl	l'acier
etw. vergemeinschaften	mettre qqch en commun
e Europäische Wirtschaftsgemeinschaft (EWG)	la CEE
einen gemeinsamen Wirtschaftsraum schaffen (u/a)	créer un espace économique commun
zu einem Binnenmarkt mit 27 Mitgliedsstaaten an/wachsen (ä/u/a) (SEIN)	devenir un marché commun qui compte 27 états membres
e Städtepartnerschaft, -en	le jumelage des villes
r Fernsehsender Arte	la chaîne de télévision Arte
e konkrete Erfahrung europäischer Nachbarschaft	l'expérience concrète du voisinage européen
das Verständnis für + acc. fördern	promouvoir la compréhension de
e geistige Abrüstung	le désarmement mental

KAPITEL 8

- *Externe Voraussetzungen für den Erfolg - der Kalte Krieg*: Ob dieser unzweifelhafte Wille der Gründerväter und ihrer Nachfolger allein ausgereicht hätte, um Europa zu befrieden und die Länder wirtschaftlich, gesellschaftlich und politisch einander anzunähern, ist nicht sicher. Ein weiterer wichtiger Faktor war der sich abzeichnende Systemkonflikt zwischen den Vereinigten Staaten und der Sowjetunion. Der Kontext des Kalten Krieges hatte zwei gegenteilige Effekte: Der Eiserne Vorhang spaltete den europäischen Kontinent in West- und Osteuropa; andererseits schärfte er in Westeuropa das Bewusstsein für die Notwendigkeit eines transnationalen Schulterschlusses. Die sowjetische und kommunistische Bedrohung schweißte die westeuropäischen Länder zusammen. Gleichzeitig hatte Westeuropa in den USA einen Alliierten, der zum einen die Überzeugung hatte, dass die Expansionsgelüste der UdSSR eingedämmt werden mussten, und zum anderen - im Unterschied zu den europäischen Ländern - auch über die militärischen Ressourcen verfügte, um dies glaubhaft umzusetzen. Die Nato, die 1949 gegründet wurde und der die Bundesrepublik Deutschland 1955 beitrat, ist Ausdruck dieser transatlantischen Solidarität. Neben der militärischen Schutzgarantie für Westeuropa ging von den USA, die gestärkt aus dem Zweiten Weltkrieg hervorgegangen waren, auch in wirtschaftlicher Hinsicht eine einigende Wirkung für Westeuropa aus. Der Marshall-Plan (1948-1952) half den westeuropäischen Ländern beim wirtschaftlichen Wiederaufbau, trug zur Wohlstandsentwicklung bei und immunisierte weite Teile der Bevölkerung gegen die kommunistische Versuchung - in der Bundesrepublik mehr als in Frankreich.

FRANKREICH, DEUTSCHLAND UND DIE EUROPÄISCHE INTEGRATION

Vokabelhilfe

r Kalte Krieg	la guerre froide
die Gründerväter (pl.)	les pères fondateurs
Europa befrieden	pacifier l'Europe
die Länder wirtschaftlich, gesellschaftlich und politisch einander an/nähern	rapprocher les économies, les sociétés et les politiques des pays
r Systemkonflikt zwischen den Vereinigten Staaten und der Sowjetunion	le conflit entre les deux systèmes américain et soviétique
r Eiserne Vorhang	le rideau de fer
r transatlantische Schulterschluss	la solidarité transatlantique
e kommunistische Bedrohung, -en	la menace communiste
die westeuropäischen Länder zusammen/schweißen	souder les pays de l'Europe de l'Ouest
r Alliierte (adj.subst.)	l'allié
die Expansionsgelüste (pl.) der UdSSR ein/dämmen	endiguer les envies expansionnistes de l'URSS
über die militärischen Ressourcen verfügen	disposer des ressources militaires
e transatlantische Solidarität	la solidarité transatlantique
gestärkt aus dem Zweiten Weltkrieg hervor/gehen (ing/ang) (SEIN)	sortir renforcé de la Seconde guerre mondiale
e einigende Wirkung	l'effet unificateur
r wirtschaftliche Wiederaufbau	la reconstruction économique
jmden gegen + acc. immunisieren	immuniser qn contre qqch

KAPITEL 8

- *Ausblick*: Wie steht es heute um die drei Faktoren, die die europäische Integration zu einer Erfolgsgeschichte gemacht haben? Der Wille der europäischen Länder zur Zusammenarbeit scheint immer noch zu bestehen. Aber er erzeugt nicht mehr die gleiche Begeisterung wie in der unmittelbaren Nachkriegszeit. Und innerhalb der Europäischen Union scheinen sich grundsätzliche Meinungsverschiedenheiten herauszubilden, die die Frage aufwerfen, wie liberal Europa sein will oder sein kann. Außerdem besteht die Gefahr, dass die USA sich - gerade unter Donald Trump - aus Europa zurückziehen. Die USA haben heute ein geringeres strategisches Interesse an Europa als nach dem Zweiten Weltkrieg. Dass dies zu einem Zeitpunkt geschieht, wo Russland wieder zu einer konkreten militärischen Bedrohung wird, wirft die Frage auf, ob der Wille zur Zusammenarbeit in Europa stark genug ist oder ob die Kräfte der Spaltung die Oberhand gewinnen werden.

Frankreich, Deutschland und die Europäische Integration

Vokabelhilfe

r Wille der europäischen Länder zur Zusammenarbeit	la volonté des pays européens de coopérer
e Begeisterung	l'enthousiasme
e unmittelbare Nachriegszeit	les lendemains de la guerre
grundsätzliche Meinungsverschiedenheiten (pl.)	des divergences fondamentales
sich aus Europa zurück/ziehen (og/og)	se retirer de l'Europe
s strategische Interesse an Europa	l'intérêt stratégique pour l'Europe
e militärische Bedrohung	la menace militaire
die Kräfte (pl.) der Spaltung	les forces de la division
die Oberhand gewinnen (a/o)	l'emporter

Kapitel 9:
Deutschland, der kranke Mann Europas?

Schon 1999 titelte die britische Zeitschrift THE ECONOMIST, Deutschland sei der kranke Mann der Eurozone mit einem rückläufigen Wachstum, einer hohen Arbeitslosenrate und Unternehmen, die international nicht länger kompetitiv waren. Den Reformen des Sozialstaates unter Gerhard Schröder (SPD), den sogenannten Hartz-Reformen, und der Nachfrage auf osteuropäischen Märkten und in China war es zu verdanken, dass Deutschland damals einen Weg aus der Dauerkrise gefunden hat. Heute heißt es wieder, Deutschland sei der kranke Mann Europas. Aber die Tonlage, in der dies behauptet wird, ist noch schriller, noch alarmierender als 1999. Tatsächlich hat Deutschland das zweite Jahr in Folge mit einem Negativwachstum abgeschlossen. Die Lohnstückkosten, die oft als Gradmesser für die Wettbewerbsfähigkeit einer Volkswirtschaft herangezogen werden, steigen. Die Industrieproduktion ist seit 2019 um knapp zehn Prozent zurückgegangen: in der Automobilindustrie, dem Aushängeschild der deutschen Wirtschaft, seit 2018 gar um 17% und im Chemiesektor um 15%, wie der allseits geachtete Ökonom Hans-Werner Sinn in einem Artikel für die FAZ am 21. November 2024 schreibt. Gleichzeitig bleibt die Zahl der Bürgergeldempfänger hoch, die Unternehmer blicken wenig zuversichtlich in die Zukunft, und die allgemeine Lebenszufriedenheit der Deutschen liegt unter dem Wert vor Ausbruch der Corona-Pandemie. All diese Daten (vgl. die nachfolgende Tabelle) sind umso alarmierender, als das internationale Umfeld instabil geworden ist, Russland eine militärische Bedrohung darstellt und Deutschland auch innenpolitisch unsicheren Zeiten entgegengeht.

DEUTSCHLAND, DER KRANKE MANN EUROPAS?

Vokabelhilfe

s rückläufige Wachstum	le recul de la croissance
e hohe Arbeitslosenrate, -n	le taux de chômage élevé
einer S. zu verdanken sein	être dû à qqch
e Nachfrage nach + dat.	la demande (au sens économique)
einen Weg aus der Dauerkrise finden (a/u)	sortir d'une crise qui s'éternise, s'éternisait
das zweite Jahr in Folge mit einem Negativwachstum ab/schließen (oss/oss)	terminer la deuxième année consécutive avec une croissance négative
die Lohnstückkosten (pl.)	le coût salarial unitaire
etw. als Gradmesser für + acc. heran/ziehen (og/og)	utiliser qqch pour mesurer qqch
e Wettbewerbsfähigkeit einer Volkswirtschaft	la compétitivité d'une économie nationale
um ...% zurück/gehen (ing/ang) (SEIN)	baisser de ... %
s Aushängeschild, -er	l'emblème, ici : le secteur emblématique
r allseits geachtete Ökonom, -en	l'économiste respecté de tous
s Bürgergeld	l'équivalent du RSA (revenu de solidarité active)
r Bürgergeldempfänger, -	l'ayant droit du *Bürgergeld*
zuversichtlich in die Zukunft blicken	regarder l'avenir avec optimisme
r Ausbruch der Corona-Pandemie	l'éclatement de la pandémie de Covid-19
s internationale Umfeld	le contexte international

KAPITEL 9

		2019	2021	2023	2024
1	Reales BIP	1	3,7	-0,3	-0,2
2	Industrieproduktion	100,5	100	97,9	91,9
3	Arbeitslosenquote	5	5,7	5,7	6
4	Inflation	1,4	3,1	5,9	2,2
5	Staatsschuldenquote	59,6	69	63,6	
6	Lohnstückkosten	3	-0,3	6,7	
7	Hartz IV / Bürgergeld	3,89	3,79	3,93	3,99
8	Armutsgefährdung		16	14,4	
9	Geschäftsklimaindex	97,1	97,2	88,9	86,8

1 - Veränderung in % im Vergleich zum Vorjahr: https://de.statista.com/statistik/daten/studie/2112/umfrage/veraenderung-des-bruttoinlandprodukts-im-vergleich-zum-vorjahr/
2 - Index Juli 2021=100: https://www.destatis.de/DE/Presse/Pressemitteilungen/2024/10/PD24_383_421.html
3 - Anteil der Arbeitslosen an der Gesamtzahl der Erwerbspersonen in %: https://de.statista.com/statistik/daten/studie/1224/umfrage/arbeitslosenquote-in-deutschland-seit-1995/
4 - Anstieg der Verbraucherpreise im Vergleich zum Vorjahr in %: https://de.statista.com/statistik/daten/studie/1046/umfrage/inflationsrate-veraenderung-des-verbraucherpreisindexes-zum-vorjahr/
5 - in % des BIPs; 2024 lag zum Publikationszeitpunkt noch nicht vor: https://www.bundesfinanzministerium.de/Web/DE/Themen/Oeffentliche_Finanzen/Stabilitaetspolitik/Entwicklung_Oeffentliche_Finanzen/entwicklung_oeffentliche_finanzen.html
6 - Veränderung im Vergleich zum Vorjahr in %; 2024 lag zum Publikationszeitpunkt noch nicht vor: https://de.statista.com/statistik/daten/studie/161518/umfrage/aenderungen-der-lohnstueckkosten-pro-stunde-in-deutschland/
7 - Anzahl erwerbsfähiger und nicht erwerbsfähiger Empfänger von Hartz IV bzw. Bürgergeld in Millionen: https://de.statista.com/statistik/daten/studie/242062/umfrage/leistungsempfaenger-von-arbeitslosengeld-ii-und-sozialgeld/
8 - Anteil der von Armut gefährdeten Personen an der Gesamtbevölkerung in %; der Schwellenwert zur Armutsgefährdung liegt bei 60% des Medianeinkommens: https://www.destatis.de/DE/Themen/Gesellschaft-Umwelt/Einkommen-Konsum-Lebensbedingungen/Lebensbedingungen-Armutsgefaehrdung/Tabellen/armutsgef-quote-nach-sozialleistung-mz-silc.html
9 - Der Geschäftsklimaindex misst die Zufriedenheit der Unternehmen hinsichtlich ihrer Marktpositionen: tps://de.statista.com/statistik/daten/studie/1303/umfrage/entwicklung-ifo-geschaeftsklimaindex-jahresdurchschnitte/

DEUTSCHLAND, DER KRANKE MANN EUROPAS?

Vokabelhilfe

s Bruttoinlandsprodukt (BIP)	le PIB
e Staatsschuldenquote, -n	le taux d'endettement
die Lohnstückkosten (pl.)	le coût salarial unitaire
Hartz IV / s Bürgergeld	l'équivalent du RSA (revenu de solidarité active)
e Armutsgefährdung	le (taux de) risque de pauvreté
s Geschäftsklima	le climat des affaires
im Vergleich zum Vorjahr	comparé à l'année précédente
r Anteil + gén. an + dat.	la part de qqch dans qqch
r Arbeitslose (adj.subst.)	le chômeur
e Gesamtzahl der Erwerbspersonen	la totalité des actifs
die Verbraucherpreise (pl.)	les prix à la consommation
zum Zeitpunkt + gén. nicht vor / liegen (a/e)	ne pas avoir été communiqué au moment de qqch
erwerbsfähig	apte à travailler
r Empfänger, -	le bénéficiaire (d'une allocation sociale)
r Schwellenwert, -e	le seuil (chiffré)

KAPITEL 9

Deindustrialisierung?

Eine Studie des Münchner IFO INSTITUTS FÜR WIRTSCHAFTSFORSCHUNG von Ende November 2024 trägt den beunruhigenden Titel *Wettbewerbsfähigkeit der deutschen Unternehmen im freien Fall?* Und der allseits bekannte Ökonom Hans-Werner Sinn kommt in der FRANKFURTER ALLGEMEINEN ZEITUNG zu dem Schluss: "Die viel beschworene Deindustrialisierung ist kein Horrorszenarium der Zukunft, sondern seit sieben Jahren im Gange." Tatsächlich sprechen die Zahlen eine deutliche Sprache: Die Industrieproduktion ist seit 2018 laut IFO INSTITUT insgesamt um 12% zurückgegangen. In manchen Wirtschaftssektoren ist der Rückgang sogar noch alarmierender. Betroffen sind mit der Automobilindustrie und der Pharmaindustrie zwei Aushängeschilder der deutschen Volkswirtschaft: Hier beträgt der Rückgang seit 2017 Hans-Werner Sinn zufolge 17 bzw. 15%. Der Abwärtstrend der deutschen Industrie ist also real. Das bestätigt auch der Geschäftsklimaindex, den das Münchner Forschungsinstitut regelmäßig erstellt. Die Unternehmer werden u.a. befragt, wie sie die jüngste und die kommende Entwicklung ihres Unternehmens einschätzen, ob sie eine Verbesserung oder eine Verschlechterung beobachten oder ob die Situation stabil geblieben ist. Die Ergebnisse zu dieser Frage nach der Wettbewerbsposition der Unternehmen auf dem heimischen, dem EU- und dem Weltmarkt lassen keinen Zweifel: Gerade in einer längerfristigen Perspektive deuten alle Zahlen darauf hin, dass die deutschen Industrieunternehmen in den letzten Jahren an Wettbewerbsfähigkeit verloren haben.

Deutschland, der kranke Mann Europas?

Vokabelhilfe

e Deindustrialisierung	la désindustrialisation
e Wirtschaftsforschung	la recherche économique
im freien Fall	en chute libre
r allseits bekannte Ökonom, -en	l'économiste très connu
im Gang(e) sein	être en cours
Die Zahlen sprechen eine deutliche Sprache.	Les chiffres ne trompent pas. / Les chiffres parlent pour eux-mêmes.
r Wirtschaftssektor, -en	le secteur économique
r Rückgang	la baisse, le recul
e deutsche Volkswirtschaft	l'économie nationale allemande
etw. betragen (ä/u/a)	être de, s'élever à qqch (chiffre)
r Abwärtstrend, -s	la tendance à la baisse
e Wettbewerbsposition, -en	la position compétitive
r heimische Markt	le marché national
r Weltmarkt, ¨-e	le marché mondial
alle Zahlen deuten darauf hin, dass …	toutes les données portent à croire que…
an Wettbewerbsfähigkeit verlieren (o/o)	perdre de sa compétitivité

KAPITEL 9

Besonders beunruhigend ist aus deutscher Sicht die Tatsache, dass Deutschland schlechter abschneidet als der EU-Durchschnitt und dass andere europäische Industrienationen wie Frankreich und Italien über dem Mittelwert liegen. Frankreich, das in den letzten Jahren oft neidisch nach Deutschland blickte, ist inzwischen zu einem Vorbild geworden. Am 5. September 2023 gab das Nachrichtenmagazin DER SPIEGEL einem Artikel, in dem die Wirtschaftsstandorte Deutschland und Frankreich miteinander verglichen wurden, den vielsagenden Titel: "Frankreich - das bessere Deutschland".

Gründe für den Wirtschaftsabschwung

Die Gründe für die Stagnationsphase der deutschen Wirtschaft sind vielfältig. Einige der Probleme sind struktureller, andere konjunktureller Natur, wieder andere sind hausgemacht.

• Zu den *strukturellen Herausforderungen* Deutschlands zählen Dekarbonisierung, Digitalisierung und demographischer Wandel. Das Ausscheiden der geburtenstarken Jahrgänge, die die nachwachsenden Generationen nicht eins zu eins ersetzen können, hat mehrere Folgen: Manche Arbeitsplätze bleiben unbesetzt und weniger Erwerbstätige müssen für mehr Rentner Sozialbeiträge zahlen, was für Arbeitgeber und Arbeitnehmer - und die Steuerzahler - eine Belastung darstellen wird. Außerdem hat sich China inzwischen zu einem ernstzunehmenden Konkurrenten entwickelt, der ähnlich hochwertige Produkte herstellt wie deutsche Unternehmen, nur viel billiger.

DEUTSCHLAND, DER KRANKE MANN EUROPAS?

Vokabelhilfe

schlechter ab/schneiden (itt/itt) als der EU-Durchschnitt	être moins bien classé que la moyenne des pays européens
über dem Mittelwert liegen (a/e)	se situer au-dessus de la moyenne
neidisch nach Deutschland blicken	être jaloux de l'Allemagne
r Wirtschaftsstandort Deutschland	(l'attractivité de) l'économie allemande
r Wirtschaftsabschwung	le ralentissement économique, la récession
struktureller, konjunktureller Natur sein	être (d'ordre) structurel, conjoncturel
hausgemacht sein	être dû à une mauvaise gestion, aux erreurs qu'on a commises soi-même
e Dekarbonisierung	la décarbonisation
e Digitalisierung	la numérisation
r demographische Wandel	le changement démographique
s Ausscheiden der geburtenstarken Jahrgänge	le départ des cohortes nombreuses (du marché du travail)
die nachwachsenden Generationen (pl.)	les jeunes générations
etw. eins zu eins ersetzen	remplacer qqch à 100 %
unbesetzt bleiben (ie/ie) (SEIN)	rester vacant
r Erwerbstätige (adj.subst.)	l'actif
r Rentner, -	le retraité
r Sozialbeitrag, ¨-e	la cotisation sociale
r Steuerzahler, -	le contribuable
s hochwertige Produkt, -e	le produit de qualité

KAPITEL 9

- *Konjunkturelle Gründe* für die Negativentwicklung der deutschen Wirtschaft, die sich allerdings zu langfristigen Problemen auswachsen könnten, sind der Abbruch der Handelsbeziehungen mit Russland und das Ende der relativ kostengünstigen Erdgasimporte, die Wahl Trumps zum US-Präsidenten sowie das abrupte Ende der Ampelkoalition und die Aussicht auf politisch unsichere Zeiten. Wie bereits in Kapitel 6 angesprochen, ist die Wahrscheinlichkeit groß, dass der neue US-amerikanische Präsident einen Handelskrieg anzettelt und die Zölle auf Importe anhebt. In der schon erwähnten Studie berechnet das IFO INSTITUT FÜR WIRTSCHAFTSFORSCHUNG die Kosten, die die deutsche Exportwirtschaft zu erwarten habe: Bei Importzöllen von 20% auf alle Produkte und 60% auf chinesische Waren würden die deutschen Exporte in die USA um 15% zurückgehen, und die Studie geht von einem Rückgang des gesamten Exportvolumens in Höhe von 2% aus (Autoindustrie: -4,9%; Pharmaindustrie: -4,7%). Außerdem sorgt das Ende der Ampel für Unsicherheit. Es ist alles andere als sicher, dass die Neuwahlen eine schnelle Regierungsbildung erlauben werden. Je mehr Zeit die Regierungsbildung erfordert und je instabiler die Regierungsmehrheit ist, desto länger werden die Betriebe unter unsicheren politischen Rahmenbedingungen produzieren müssen.
- Ein letzter Grund für die aktuelle Wirtschaftsschwäche ist *hausgemacht*. Zumindest behaupten das Ökonomen wie der bereits zitierte Hans-Werner Sinn, der in der Klima- und Energiepolitik Deutschlands den Hauptverantwortlichen ausgemacht hat.

DEUTSCHLAND, DER KRANKE MANN EUROPAS?

Vokabelhilfe

e Negativentwicklung der deutschen Wirtschaft	l'évolution négative de l'économie allemande ; le ralentissement de l'activité économique en Allemagne
sich zu + dat. aus/wachsen (ä/u/a)	devenir ; se transformer en qqch
r Abbruch der Handelsbeziehungen mit Russland	la fin, la rupture des relations commerciales avec la Russie
kostengünstige Erdgasimporte (pl.)	les importations de gaz (russe) bon marché
e Wahl Trumps zum US-Präsidenten	l'élection de Trump à la présidence américaine
einen Handelskrieg anzetteln	déclencher une guerre commerciale
Zölle auf Importe erheben (o/o)	instaurer des droits de douane sur les importations
e Ware, -n	la marchandise, le bien, le produit
r Rückgang des gesamten Exportvolumens	la baisse de l'ensemble du volume d'exportations
s Ende der Ampel	la fin du gouvernement "tricolore"
e Regierungsbildung, -en	la formation d'un gouvernement
e Regierungsmehrheit	la majorité gouvernementale
r Betrieb, -e	l'entreprise
unsichere politische Rahmenbedingungen (pl.)	le contexte politique incertain
e Wirtschaftsschwäche	la faiblesse économique ; la faible activité économique
in + dat. den Hauptverantwortlichen aus/machen	désigner qqch comme responsable de qqch

149

KAPITEL 9

Der Atomausstieg ist Kritikern zufolge das Symbol einer missratenen Energiepolitik. Zwar wird seit April 2023 in Deutschland keine Kernenergie mehr produziert, aber das bedeutet nicht, dass kein Atomstrom mehr konsumiert würde: Nachdem die letzten AKWs abgeschaltet wurden, wird mehr Atomstrom vor allem aus Frankreich importiert. Sinn spricht davon, Deutschland sei "ein Geisterfahrer auf der Autobahn", weil kein Land der Welt Deutschland beim Atomausstieg folge. Die EU will bis 2050 Klimaneutralität erreichen, Deutschland schon 2045, zum Teil weil es sich als führende europäische Industrienation dazu moralisch verpflichtet fühlt und zum Teil weil es hofft(e), sich als technologischer Vorreiter auf dem Gebiet des Klimaschutzes mittelfristig Wettbewerbsvorteile zu verschaffen. Und so wurde auch - auf Betreiben der EU - das sogenannte Verbrenner-Aus für das Jahr 2035 beschlossen, die letzten Kohlekraftwerke sollen spätestens 2038 vom Netz gehen, das Energieeffizienzgesetz sieht vor, den Endenergieverbrauch bis 2045 (im Vergleich zu 2008) um 45% zu reduzieren. Das "Heizungsgesetz" der Ampelkoalition schreibt vor, dass ab Januar 2024 Neubauten zu 65% mit erneuerbaren Energien beheizt werden müssen. Dieses Gesetz steht sinnbildlich für eine Politik, die versucht, eine ambitionierte Klima- und Energiepolitik über Verbote, Vorschriften und Subventionen umzusetzen. Und diese Politik verunsichert viele Menschen und schadet der Wettbewerbsfähigkeit vor allem von Industriebetrieben in energieintensiven Wirtschaftssektoren.

DEUTSCHLAND, DER KRANKE MANN EUROPAS?

Vokabelhilfe

r Atomausstieg	la sortie du nucléaire
e missratene Energiepolitik	la politique énergétique mal orientée
e Kernenergie	l'énergie nucléaire
r Strom	l'électricité
die letzten AKWs ab/schalten	arrêter les dernières centrales nucléaires
r Geisterfahrer auf der Autobahn	le conducteur à contresens sur l'autoroute
e Klimaneutralität	la neutralité carbone
r Vorreiter, -	le précurseur
sich Wettbewerbsvorteile verschaffen	se procurer des avantages compétitifs
auf Betreiben der EU	à l'initiative de l'UE
s Verbrenner-Aus	la fin des voitures à moteur thermique
s Kohlekraftwerk, -e	la centrale à charbon
vom Netz gehen (ing/ang) (SEIN)	être arrêté
r Energieverbrauch	la consommation d'énergie
e Heizung, -en	le chauffage ; la chaudière
die Neubauten (pl.)	les nouveaux bâtiments
etw. beheizen	chauffer qqch
e Vorschrift, -en	la norme imposée
der Wettbewerbsfähigkeit + gén. schaden	nuire à la compétitivité de qqch

151

Kapitel 9

Für das Jahr 2023 schätzt das INSTITUT DER DEUTSCHEN WIRTSCHAFT, dass die Industriestrompreise im Automobilsektor in Deutschland etwa doppelt so hoch waren wie in China und fast drei Mal so hoch wie in den USA. Anfang 2023 hatte Bundeskanzler Scholz noch verkündet, Deutschland werde als Folge der Klimainvestitionen Wachstumsraten wie zur Zeit des Wirtschaftswunders in den 1950er und 1960er Jahren verzeichnen. Derzeit scheint es eher so, dass die Energie- und Klimapolitik die Kompetitivität deutscher Industrieunternehmen stark belastet.

Bedeutung des Automobilsektors und Krise bei Volkswagen: Sind die fetten Jahre vorbei?

Die Automobilindustrie ist ein wichtiger Zweig der deutschen Volkswirtschaft. 2024 zählte sie rund 770.000 Beschäftigte (ohne die Mitarbeiter in Zulieferbetrieben) und erwirtschaftete einen Umsatz von 470 Milliarden Euro im 1. Halbjahr 2024, d.h. ein Viertel des gesamten Umsatzes in der Industrie. Gegenüber dem Vorjahr ist das ein Minus von 4,7%. 70% des Gesamtumsatzes wurden durch Exporte erzielt, was die Abhängigkeit von ausländischen Märkten unterstreicht. Der größte Konzern ist Volkswagen mit Sitz im norddeutschen Wolfsburg. VW beschäftigt in Deutschland knapp 300.000 und weltweit 660.000 Mitarbeiter. Das Unternehmen produzierte 2023 9,3 Millionen Fahrzeuge und erzielte einen Rekordumsatz von 330 Milliarden Euro.

DEUTSCHLAND, DER KRANKE MANN EUROPAS?

Vokabelhilfe

schätzen, dass ...	estimer que...
r Industriestrompreis, -e	le prix de l'électricité pour les industriels
etwa doppelt so hoch sein wie ...	être à peu près deux fois supérieur à ...
fast drei Mal so hoch sein wie ...	être presque trois fois supérieur à ...
Wachstumsraten verzeichnen	connaître, enregistrer des taux de croissance
die Kompetitivität + gén. belasten	impacter la compétitivité de qqch
e Bedeutung des Automobilsektors	l'importance du secteur automobile
Die fetten Jahre sind vorbei.	Les années fastes sont terminées.
r Zweig, -e der deutschen Volkswirtschaft	la branche, le secteur de l'économie allemande
r Beschäftigte (adj.subst.)	le salarié
r Zulieferbetrieb, -e	l'entreprise de sous-traitance
einen Umsatz von ... erwirtschaften	réaliser un chiffre d'affaires de ...
s Halbjahr, -e	le semestre
gegenüber dem Vorjahr	comparé à l'année précédente
e Abhängigkeit von ausländischen Märkten	la dépendance de marchés étrangers
r Sitz, -e	le siège (social)
s Fahrzeug, -e	le véhicule
einen Rekordumsatz erzielen	réaliser un chiffre d'affaires record

KAPITEL 9

Trotzdem hat der Vorstandsvorsitzende der Volkswagen Gruppe die Situation des Unternehmens 2024 als "alarmierend" bezeichnet. Zwar wuchs der Umsatz um 15%, der Gewinn jedoch nur um zwei Prozent. Und die Verkaufszahlen auf dem asiatischen Absatzmarkt sind rückläufig. Tatsächlich sind die Wachstumsperspektiven nicht die besten. Das hat mehrere Gründe:

- *Veränderungen auf dem Weltmarkt*: Asiatische Anbieter und vor allem China haben die deutschen Autohersteller inzwischen überholt. 2005 produzierte China etwa drei Millionen Fahrzeuge, 2023 waren es 26 Millionen.
- *E-Mobilität*: Die deutsche Automobilindustrie hat, wie es oft heißt, die Transformation hin zur Elektromobilität verschlafen, sodass Volkswagen gegenüber chinesischen Anbietern auf dem chinesischen Markt ins Hintertreffen geraten ist. Rund 30% der weltweit produzierten Fahrzeuge werden in China verkauft.
- *Hohe Lohnkosten*: Laut VDA (Verband der Automobilindustrie) liegen die Lohnkosten in Deutschland, speziell bei Volkswagen, deutlich über den Kosten in anderen Ländern. Sie beliefen sich 2023 pro Stunde auf durchschnittlich 62 Euro, was einem Anstieg von 30% seit 2013 entspricht (Frankreich: 47 €; USA: 44 €).
- *Energiekosten*: In deutschen Werken sind die Produktionskosten generell höher als anderswo. Wie schon erwähnt, sind die Industriestrompreise im Automobilsektor inzwischen etwa doppelt so hoch wie in China und fast drei Mal so hoch wie in den USA.

Deutschland, der kranke Mann Europas?

Vokabelhilfe

r Vorstandsvorsitzende (adj.subst.)	le PDG
r Gewinn, -e	le gain, le profit
die Verkaufszahlen (pl.)	les ventes
r Absatzmarkt, ¨-e	le débouché, le marché de vente
rückläufig sein	être en baisse
s Wachstum	la croissance
r Anbieter, -	ici : l'entreprise
r Autohersteller, -	le constructeur automobile
jmden überholen	dépasser qn
die Transformation hin zur Elektromobilität verschlafen (ä/ie/a)	trop tarder à s'engager sur la voie de la mobilité électrique
ins Hintertreffen geraten (ä/ie/a) (SEIN)	se laisser distancer
die Lohnkosten (pl.)	le coût salarial
sich auf + acc. belaufen (äu/ie/au)	être de, s'élever à qqch (chiffre)
einer S. entsprechen (i/a/o)	correspondre à qqch
s Werk, -e	ici : l'usine, le site de production

Kapitel 9

Insofern kamen die Sparpläne der Konzernleitung nicht überraschend. Und genauso wenig überraschend ist die Tatsache, dass Betriebsrat und Gewerkschaften mit Streiks Druck auf die Unternehmensleitung ausgeübt haben. Im Dezember einigte man sich schließlich darauf, dass die Beschäftigungsgarantie bis 2030 verlängert wird, dass die Mitarbeiter auf Lohnerhöhungen verzichten, dass in diesem Zeitraum 35.000 Stellen - sozialverträglich - abgebaut werden sollen, dass keine Produktionsstandorte unmittelbar geschlossen werden, dass jedoch die Fahrzeugfertigung in den Werken in Dresden und Osnabrück 2026 und 2027 enden soll. Auf diese Weise können laut Konzernleitung mittelfristig 15 Milliarden Euro eingespart werden.

Marode Infrastrukturen: Deutsche Bahn und Bildungssystem

Als die Amtszeit Angela Merkels 2021 zu Ende ging, fragte sich das französische INSTITUT MONTAIGNE *Quelle Allemagne après Merkel ?* In seiner Analyse verwies es u.a. darauf, dass die Modernisierung der Infrastrukturen in der Ära Merkel vernachlässigt worden sei. Diese Altlasten aus der Merkel-Zeit beschränkten, wie in Kapitel 7 gezeigt, auch den Handlungsspielraum der Ampelregierung. Bei Merkels Rückzug aus der Politik lag Deutschland dem Digitalisierungsindex der EU (DESI) zufolge weit abgeschlagen im unteren Drittel des Rankings. Und der Einsturz der Carolabrücke in Dresden im September 2024 hat allen noch einmal vor Augen geführt, wie marode die Infrastrukturen in Deutschland sind. Das gilt auch für die Deutsche Bahn und das Bildungssystem.

Deutschland, der kranke Mann Europas?

Vokabelhilfe

r Sparplan, ¨-e	le plan pour faire des économies ; le plan social ; le plan de restructuration
e Konzernleitung, -en	la direction du groupe
r Betriebsrat, ¨-e	le comité d'entreprise
e Gewerkschaft, -en	le syndicat
r Streik, -s	la guerre
die Beschäftigungsgarantie verlängern	prolonger la garantie d'emploi
auf Lohnerhöhungen verzichten	renoncer aux augmentations de salaire
35.000 Stellen sozialverträglich ab/bauen	supprimer 35 000 emplois sans procéder à des licenciements secs
einen Produktionsstandort schließen (oss/oss)	fermer une usine, un site de production
e Fahrzeugfertigung, -en	la production de véhicules
... Euro ein/sparen	faire des économies de ... euros
marode Infrastrukturen (pl.)	les infrastructures délabrées
die Modernisierung der Infrastrukturen vernachlässigen	négliger la modernisation des infrastructures
die Altlasten (pl.) aus der Merkel-Zeit	l'héritage (le passif) de l'époque Merkel
den Handlungsspielraum + gén. beschränken	limiter la marge de manœuvre de qn
r Einsturz der Carolabrücke	l'effondrement du pont Carola
s Bildungssystem, -e	le système éducatif

KAPITEL 9

- *Lachnummer Deutsche Bahn (DB)*: Für die, die in den letzten Jahren mit dem Zug in Deutschland unterwegs waren, klingt das geflügelte Wort "pünktlich wie die Eisenbahn" wie Hohn. Im Fernverkehr der DB kam 2023 gerade einmal jeder zweite Zug pünktlich an (2024: 62%). Schon 2004 schrieb Michel Tournier: "Von italienischen Zügen heißt es, man wisse zwar, wann sie losfahren, könne aber nie sicher sein, wann sie ankommen. Mit deutschen Zügen ist es schlimmer: Man weiß auch nicht, wann sie losfahren. […] Der Zug ruckelt an, wenn es dem Bahnhofsvorsteher oder dem Lokführer in den Kram passt." Oder, so möchte man hinzufügen, wenn der Lokführer nicht zufällig streikt oder die Stellwerke ausnahmsweise funktionieren oder die Strecke wegen Bauarbeiten nicht gesperrt ist usw. Auch bei der Deutschen Bahn scheint die Misere hausgemacht zu sein:
  - *Veraltete, sanierungsbedürftige Anlagen*: Die DB ist ein nach privatwirtschaftlichen Prinzipien geführtes Unternehmen, das zu 100% im Besitz des Bundes ist. Das Schienennetz wurde bis Ende 2023 von der Tochtergesellschaft DB Netz verwaltet. Nach dem Netzzustandsbericht von 2023 sind 26% der Weichen, 48% der Stellwerke und 42% der Bahnübergänge in einem mangelhaften Zustand.
  - *Unterfinanzierung*: Der schlechte Zustand des Schienennetzes hat mit chronischer Unterfinanzierung zu tun. Die notwendigen Modernisierungs- und Instandhaltungsmaßnahmen konnten so nicht durchgeführt werden. Die Sanierungskosten werden aktuell auf 90 Milliarden Euro beziffert.

DEUTSCHLAND, DER KRANKE MANN EUROPAS?

Vokabelhilfe

e Lachnummer, -	la risée
mit dem Zug unterwegs sein	prendre le train
s geflügelte Wort	l'expression proverbiale
e Eisenbahn, -en	le chemin de fer
r Fernverkehr	les trains de grandes lignes
pünktlich an/kommen (a/o) (SEIN)	arriver à l'heure
los/fahren (ä/u/a) (SEIN)	partir
an/ruckeln (SEIN)	partir (péniblement)
r Bahnhofsvorsteher, -	le chef de gare
r Lokführer, -	le conducteur de train
jmdem in den Kram passen (fam.)	plaire à qn
s Stellwerk, -e	le poste d'aiguillage
eine Strecke sperren	fermer une voie ferrée
die Bauarbeiten (pl.)	les travaux ; le(s) chantier(s)
sanierungsbedürftige Anlagen (pl.)	des installations qui doivent être rénover
s Schienennetz, -e	le réseau ferré, ferroviaire
e Tochtergesellschaft, -en	la filiale
etw. verwalten	administer, gérer qqch
r Netzzustandsbericht, -e	le rapport sur l'état du réseau ferré
e Weiche, -n	l'aiguillage
r Bahnübergang	le passage à niveau
etw. instand halten (ä/ie/a)	entretenir qqch

KAPITEL 9

- *Verfehlte Verkehrspolitik*: Zwischen 1994 und 2022 wurde die Streckenlänge des Schienennetzes von 40.000 auf 33.000 km reduziert. Gleichzeitig hat die Nutzung des Schienennetzes zugenommen. Mehr Verkehr auf einem kürzeren Streckennetz, das an vielen Stellen gerade saniert bzw. modernisiert wird, bedeutet zwangsläufig eine höhere Auslastung, was bei Störungen leichter zu Verspätungen führen kann. Diese Verkehrspolitik war insofern verfehlt, als die ökologische Mobilitätswende eigentlich einen Ausbau öffentlicher Verkehrsnetze notwendig macht.
- *Beispiel Stuttgart 21*: Stuttgart 21 ist ein Großprojekt der DB, mit dem der oberirdische Stuttgarter Kopfbahnhof in einen unterirdischen Durchgangsbahnhof umgebaut werden soll. Dazu gehören aber auch 56 km Tunnel, 42 Brücken, 100 km neue Gleise usw. Es ist ein gigantisches Infrastrukturprojekt. Die Bauarbeiten begannen 2010, das Projekt sollte 2019 abgeschlossen sein und insgesamt vier Milliarden Euro kosten. Inzwischen ist die Inbetriebnahme für Ende 2026 geplant und die Baukosten lagen 2023 bei elf Milliarden Euro…
- *Personalmangel*: Die DB beschäftigt in Deutschland 200.000 Mitarbeiter und zählt damit zu den größten Arbeitgebern des Landes. Aber wie andere Unternehmen auch fehlt es der DB an qualifizierten Mitarbeitern. Diese Personalengpässe erklären sicherlich auch einige der Probleme, mit denen der Zugverkehr in Deutschland zu kämpfen hat.

DEUTSCHLAND, DER KRANKE MANN EUROPAS?

Vokabelhilfe

e verfehlte Verkehrspolitik	les erreurs de la politique de transport
e Streckenlänge des Schienennetzes	la longueur du réseau ferré
etw. sanieren	rénover qqch
e höhere Auslastung, -en	la plus grande sollicitation, la plus grande utilisation
e Störung, -en	la perturbation
e ökologische Mobilitätswende	la transition vers la mobilité verte
r Ausbau öffentlicher Verkehrsnetze	l'agrandissement des réseaux de transports publics
r oberirdische Kopfbahnhof, ¨-e	la gare cul-de-sac, la gare terminus, construite en surface
r unterirdische Durchgangsbahnhof, ¨-e	la gare de passage souterraine
etw. um/bauen	transformer qqch
r Tunnel, -	le tunnel
e Brücke, -n	le pont
s Gleis, -e	la voie ferrée
die Bauarbeiten (pl.)	les travaux, le chantier
e Inbetriebnahme	l'inauguration, la mise en service
r Personalmangel; r Personalengpass	le manque de personnel
... Mitarbeiter beschäftigen	employer ... de salariés
r Arbeitgeber, -	l'employeur
es fehlt jmdem an qualifizierten Mitarbeitern	qn manque de personnel qualifié

Kapitel 9

- Zu den problematischen "Infrastrukturen" in Deutschland zählt auch das Bildungssystem, das bekanntlich von den Ländern und nicht vom Bund abhängt.
- Die letzte Ausgabe der internationalen Schulleistungsstudie PISA 2022 lässt einen neuerlichen Leistungsabfall der deutschen Schüler erkennen. Die folgende Tabelle mit den jeweiligen Punktzahlen in den drei Testbereichen zeigt, dass die Ergebnisse der Teilnehmer bis 2012 kontinuierlich gestiegen sind.

	2000	2003	2006	2009	2012	2015	2018	2022
L	484	491	495	497	508	509	498	480
M	490	503	504	513	514	506	503	475
N	487	502	516	520	524	509	500	492

Sie lagen zum Teil deutlich über dem OECD-Mittelwert. Aber seit 2015 beobachtet man einen Abwärtstrend in den drei Testbereichen Leseverständnis (L), Mathematik (M) und Naturwissenschaften (N). Beim Leseverständnis und in Mathematik liegen die Leistungen der 15-jährigen Schüler sogar unter dem Niveau der ersten Studie, die in Deutschland einen Bildungsschock ausgelöst hat. Der einzige Trost ist, dass die Schulleistungen weltweit zurückgehen und dass Deutschland 2022 immerhin noch leicht über dem OECD-Durchschnitt liegt. Wenn man allerdings um den Zusammenhang zwischen einem funktionierenden Bildungssystem und einer leistungsfähigen Wirtschaft weiß, dann sind die jüngsten Entwicklungen besorgniserregend.

DEUTSCHLAND, DER KRANKE MANN EUROPAS?

Vokabelhilfe

e Ausgabe, -n	ici : l'édition
e internationale Schulleistungsstudie, -n	l'étude internationale pour mesurer les compétences scolaires
r Leistungsabfall der deutschen Schüler	la baisse des résultats des élèves allemands
über dem OECD-Mittelwert liegen (a/e)	se situer au-dessus de la moyenne de l'OCDE
einen Abwärtstrend beobachten	observer une tendance à la baisse
r Testbereich, -e	le domaine testé
s Leseverständnis	la compréhension d'un texte écrit ; la lecture
einen Bildungsschock aus/lösen	provoquer une onde de choc dans le milieu éducatif
r Trost	la consolation
s funktionierende Bildungssystem, -e	le système éductatif efficace
e leistungsfähige Wirtschaft	l'économie performante
e besorgniserregende Entwicklung, -en	l'évolution inquiétante

- Die schlechten PISA-Ergebnisse deuten darauf hin, dass das Schulsystem eine Reihe von Schülern nur unzureichend auf die Anforderungen der Arbeitswelt vorbereitet. Der jüngste Bericht des BUNDESINSTITUTS FÜR BERUFSBILDUNG bestätigt diesen negativen Trend. 2022 hatten 19,1% der 20- bis 34-Jährigen keinen Berufsabschluss. Das ist der höchste Wert seit 2000 und ein Anstieg um mehr als fünf Prozentpunkte seit 2013. Unter nicht-deutschen Staatsbürgern ist der Anteil mit 38% noch deutlich höher. Die Konsequenzen einer solchen Entwicklung liegen auf der Hand: Die betroffenen Personen werden große Schwierigkeiten haben, sich auf dem Arbeitsmarkt zu integrieren. Viele werden vorübergehend oder dauerhaft auf Arbeitslosenleistungen angewiesen sein. Und gesamtwirtschaftlich fehlen kompetente und innovative Arbeitskräfte, um qualifizierte Arbeitsplätze besetzen zu können und der Wirtschaft Wachstumsimpulse zu verleihen.

Schuldenbremse, in Krisenzeiten umstritten

Die Schuldenbremse - wir hatten es in Kapitel 7 gesehen - war einer der Gründe für die Konflikte innerhalb der Ampelregierung. Sie ist und bleibt - national wie international - ein umstrittenes Instrument zur Konsolidierung der Haushaltspolitik und zur Disziplinierung ausgabefreudiger Regierungspolitiker.

DEUTSCHLAND, DER KRANKE MANN EUROPAS?

Vokabelhilfe

die schlechten PISA-Ergebnisse (pl.)	les mauvais résultats de l'enquête PISA
s Schulsystem, -e	le système scolaire
die Anforderungen (pl.) der Arbeitswelt	les exigences, attentes du monde du travail
jmden unzureichend auf + acc. vor/bereiten	préparer qn à qqch de manière insuffisante
r Berufsabschluss, ¨-e	le diplôme, le titre professionnel
r Anstieg um ... Prozentpunkte	l'augmentation de ... points (de pourcentage)
unter nicht-deutschen Staatsbürgern	parmi les personnes sans nationalité allemande
die betroffenen Personen (pl.)	les personnes concernées
auf Arbeitslosenleistungen angewiesen sein	dépendre des allocations chômage
gesamtwirtschaftlich	en ce qui concerne l'économie dans son ensemble
die Arbeitskräfte (pl.)	la main d'œuvre
qualifizierte Arbeitsplätze besetzen	occuper des emplois qualifiés
der Wirtschaft Wachstumsimpulse verleihen (ie/ie)	favoriser la croissance économique
e Schuldenbremse	le frein à la dette ; le frein à l'endettement
zur Konsolidierung der Haushaltspolitik	pour consolider la politique budgétaire
zur Disziplinierung ausgabefreudiger Regierungspolitiker	pour discipliner les gouvernants trop enclins à augmenter les dépenses

KAPITEL 9

- *Was die Schuldenbremse ist*: Die sogenannte Schuldenbremse wurde 2009 im Grundgesetz verankert. Sie schränkt den finanzpolitischen Spielraum der Regierenden ein und verpflichtet sie zu einem ausgeglichenen Haushalt. Eine Neuverschuldung ist lediglich in Höhe von 0,35% des BIPs zulässig. In besonderen Notsituation sind Abweichungen von dieser Regel möglich. Ein Beispiel dafür war die Pandemie (vgl. Kapitel 7). Finanzpolitische Beschränkungen kennen wir auch von der Europäischen Union: Der Stabilitäts- und Wachstumspakt legt eine Obergrenze des Schuldenstandes von 60% des BIPs fest sowie ein Haushaltsdefizit von maximal drei Prozent der Wirtschaftsleistung.
- *Was spricht für die Schuldenbremse*: Die Schuldenbremse verhindert eine unkontrollierte Ausgabenpolitik zu parteipolitischen Zwecken und zwingt die Politik zu klaren Prioritäten. Regierungen wollen wiedergewählt werden und Steuergeschenke oder Leistungserhöhungen sind ein bequemes Mittel, um die Wiederwahlwahrscheinlichkeit zu erhöhen. Zudem zahlt ein Land mit niedrigem Schuldenstand weniger Zinsen und kommt in Notsituationen schneller an billigere Kredite. Insgesamt verhindert sie eine Politik zulasten der kommenden Generationen. Sie ist ein Instrument zur Förderung der Generationengerechtigkeit. Gerade Christdemokraten und Konservative sehen in der Schuldenbremse eine Möglichkeit, die Haushaltspolitik zu moralisieren und die Politik dazu zu zwingen, klare Ausgabenprioritäten zu setzen und umsichtig zu handeln.

DEUTSCHLAND, DER KRANKE MANN EUROPAS?

<u>Vokabelhilfe</u>

die Schuldenbremse im Grundgesetz verankern	inscrire dans la constitution allemande le frein à la dette
den finanzpolitischen Spielraum ein/schränken	restreindre la marge de manœuvre des politiques budgétaires
r Regierende (adj.subst.)	le gouvernant
r ausgeglichene Haushalt	le budget équilibré
e Neuverschuldung, -en	le nouvel endettement ; des dettes supplémentaires
e besondere Notsituation, -en	la situation d'urgence exceptionnelle
e Abweichung von + dat.	l'écart de qqch
finanzpolitische Beschränkungen (pl.)	les limitations budgétaires
r Stabilitäts- und Wachstumspakt	le pacte de stabilité et de croissance
e Obergrenze des Schuldenstandes	les plafonds du niveau d'endettement ... les plafonds des dettes publiques
e Wirtschaftsleistung, -en	le PIB
e unkontrollierte Ausgabenpolitik	la politique de dépenses non maîtrisées
zu parteipolitischen Zwecken	pour favoriser les intérêts d'un parti
eine Regierung wieder/wählen	réélire un gouvernement
s Steuergeschenk, -e	le cadeau fiscal
e Leistungserhöhung, -en	l'augmentation d'une allocation, des prestations
die Zinsen (pl.)	les intérêts
die Haushaltspolitik moralisieren	moraliser la politique budgétaire

Kapitel 9

- *Was spricht gegen die Schuldenbremse*: Die Gegner sehen in der Schuldenbremse vor allem eine "Zukunftsbremse". Sie kritisieren die Moralisierung der Haushaltspolitik, weil die Schuldenbremse ihrer Meinung nach zu einer Ersatzreligion stilisiert wird, und mokieren sich darüber, dass die Befürworter bewusst oder unbewusst einen Zusammenhang zwischen dem Wort "Schulden" (*la dette, les dettes*) und dem Wort "Schuld" (*la faute morale*) herstellen. Sie sagen, dass man die Zukunft der kommenden Generationen nicht nur durch zu viele Schulden, sondern auch durch zu wenige Schulden gefährden kann, weil gerade Krisen Investitionen erfordern. Es sei langfristig billiger, heute in mehr Klimaschutz zu investieren, als morgen die Kosten für die künftigen Klimakatastrophen übernehmen zu müssen. Investitionen in bezahlbaren Wohnraum, Krankenhäuser, Sporteinrichtungen, Nahverkehr stärken den sozialen Zusammenhalt. Und Investitionen in ein funktionierendes Bildungssystem kommen den Unternehmen zugute und dem Staat. Gut ausgebildete Bürger tragen zum Wachstum einer Volkswirtschaft bei, sie leben nicht auf Kosten der Gemeinschaft und zahlen mehr Steuern.

DEUTSCHLAND, DER KRANKE MANN EUROPAS?

Vokabelhilfe

e Ersatzreligion, -en	le culte quasi religieux ; le fétiche
einen Zusammenhang zwischen + dat. her/stellen	rapprocher qqch de qqch
die Kosten für + acc. übernehmen (imm/ahm/omm)	supporter le coût de qqch
Investitionen in + acc.	des investissements dans qqch
r bezahlbare Wohnraum	les logements à des prix abordables
s Krankenhaus, ¨-er	l'hôpital
e Sporteinrichtung, -en	l'installation sportive
r Nahverkehr	les transports (public) de proximité
den sozialen Zusammenhalt stärken	renforcer la cohésion sociale, le vivre-ensemble
den Unternehmen zugute/kommen (a/o) (SEIN)	profiter aux entreprises
gut ausgebildete Bürger (pl.)	des citoyens qualifiés
zum Wachstum einer Volkswirtschaft bei/tragen (ä/u/a)	contribuer à la croissance d'une économie
auf Kosten der Gemeinschaft leben	vivre au crochet de la communauté
mehr Steuern zahlen	payer plus d'impôts

Kapitel 10:
Jugend in Deutschland

In Wissenschaft und Medien ist oft von Generationen die Rede. Gerade in den Medien werden den Angehörigen diverser Generationen gerne - zurecht oder zu Unrecht - bestimmte Merkmale zugeschrieben. Auf die "Generation Y" folgt nun die "Generation Z". Das sind die Jahrgänge von Mitte/ Ende der 1990er Jahre bis etwa 2010, d.h. all jene, die 2024 zwischen 14 und 27 Jahre alt waren. Ob der Generationenbegriff, bei dem Unterschiede innerhalb einer "Generation" oft in den Hintergrund treten und Gegensätze zu älteren "Generationen" konstruiert oder hervorgehoben werden, sinnvoll ist, soll hier nicht diskutiert werden. Im Folgenden geht es vielmehr um ein Profil junger Menschen auf der Grundlage ausgewählter Ergebnisse einer aktuellen Jugendstudie, um die Frage des Generationenkonflikts zwischen "Zoomern" und "Boomern" und um die Gefährdungen, denen vor allem jüngere Generationen ausgesetzt sind.

Wie tickt die Jugend in Deutschland?

Seit 1953 finanziert der Mineralölkonzern Shell eine Jugendstudie, die etwa alle vier Jahre erscheint. Die 19. Shell Jugendstudie 2024 trägt den Titel *Pragmatisch zwischen Verdrossenheit und gelebter Vielfalt*. Das unter Wissenschaftlern anerkannte Werk untersucht die Werte und Einstellungen einer repräsentativen Auswahl junger Menschen zwischen 12 und 25 Jahren. So lassen sich über längere Zeit Kontinuitäten und Veränderungen jugendlicher Lebensrealität erkennen. Die folgenden Ausführungen konzentrieren sich auf die Themen, von denen sich die junge Generation betroffen fühlt. Im Anschluss daran wird ihre politische Positionierung beschrieben. Zuerst ein paar Zahlen in tabellarischer Form.

JUGEND IN DEUTSCHLAND

Vokabelhilfe

die Angehörigen (pl.) einer Generation	(tous) ceux qui appartiennent à une génération
jmdem etw. zu/schreiben (ie/ie)	attribuer qqch à qn
s Merkmal, -e	la caractéristique
r Jahrgang, ¨-e	la cohorte
r Generationenbegriff	le concept de génération
s Profil junger Menschen	le portrait-robot
ausgewählte Ergebnisse (pl.)	des résultats choisis
e Jugendstudie	l'étude sur les jeunes
r Generationenkonflikt zwischen "Zoomern" und "Boomern"	le conflit entre la génération Z et celle des baby-boomers
jüngere Generationen (pl.)	les jeunes générations
Wie tickt die Jugend?	Que pense la jeunesse ?
r Mineralölkonzern, -e	le groupe pétrolier
e Verdrossenheit	la lassitude, le ras-le-bol, le découragement
e Vielfalt	la diversité
r Wert, -e	la valeur
e Einstellung, -en	l'attitude, l'opinion
e repräsentative Auswahl	l'échantillon représentatif
e jugendliche Lebensrealität	la réalité de la vie des jeunes
sich von + dat. betroffen fühlen	se sentir concerné
e politische Positionierung	le positionnement politique

KAPITEL 10

Tabelle 1: Wovon sich Jugendliche betroffen fühlen (in %; Mehrfachnennung)

Die Teilnehmer antworteten auf die Frage: "Verschiedene Dinge betrachten manche als großes Problem, andere hingegen als Nebensächlichkeiten. Machen dir persönlich die folgenden Dinge Angst oder keine Angst?: .."

1 - Krieg in Europa / 2 - Schlechte Wirtschaftslage mit steigender Armut / 3 - Wachsende Feindschaft zwischen den Menschen / 4 - Umweltverschmutzung / 5 - Klimawandel / 6 - Terroranschläge / 7 - Ausländerfeindlichkeit / 8 - Arbeitsplatzverlust, kein Ausbildungsplatz / 9 - Zuwanderung nach Deutschland

W = Westdeutschland; O = Ostdeutschland

	2002	2006	2010	2015	2019	2024	W	O
1	59	51	44	62	46	81	80	83
2	66	72	70	52	52	67	66	70
3	/	/	/	/	56	64	62	72
4	62	61	61	61	71	64	64	64
5	/	/	58	56	65	63	63	63
6	71	67	61	73	66	61		
7	50	42	40	48	52	58	58	55
8	55	69	62	48	39	35	33	40
9	31	34	27	28	33	34	32	43

Tabelle 2: Links-Rechts-Positionierung (Mittelwert)

Die Teilnehmer antworteten auf die Frage: "Wie würdest du selbst deine politischen Anschauungen einstufen? Bitte nenne mir gemäß dieser Liste die Ziffer, die am ehesten auf dich zutrifft." (Skala von 1=links über 6=Mitte bis 11=rechts).

	2002	2006	2010	2015	2019	2024
x̄	5,6	5,5	5,5	5,4	5,1	5,3

Tabelle 3: Links-Rechts-Positionierung in % aller Teilnehmer (k.A. = keine Angabe)

	2002	2006	2010	2015	2019	2024
links	8	10	9	12	14	14
eher links	24	28	29	25	27	32
Mitte	29	29	30	26	27	26
eher rechts	14	15	14	14	9	14
rechts	3	4	4	3	4	4
k.A.	22	14	14	20	19	10

Tabelle 3.1: Links-Rechts-Positionierung in % aller Teilnehmer

	2002	2006	2010	2015	2019	2024
(eher) links	32	38	38	37	41	46
Mitte	29	29	30	26	27	26
(eher) rechts	17	19	18	17	13	18
k. A.	22	14	14	20	19	10

Tabelle 3.2: Links-Rechts-Positionierung in % aller Jungen und jungen Männer

	2002	2006	2010	2015	2019	2024
(eher) links	31	39	37	38	38	**41**
Mitte	27	26	**29**	25	**29**	26
(eher) rechts	22	23	24	23	16	**25**
k. A.	20	12	10	14	17	8

Tabelle 3.3: Links-Rechts-Positionierung in % aller Mädchen und jungen Frauen

	2002	2006	2010	2015	2019	2024
(eher) links	32	37	39	37	44	**51**
Mitte	29	**32**	31	27	26	27
(eher) rechts	14	14	11	11	10	11
k. A.	25	17	19	**25**	20	11

JUGEND IN DEUTSCHLAND

Vokabelhilfe (zu den drei Tabellenseiten)

e Mehrfachnennung, -en	plusieurs réponses possibles
r Teilnehmer, -	le participant
e Nebensächlichkeit, -en	qqch qui a peu d'importance
e steigende Armut	la montée de la pauvreté
e wachsende Feindschaft	l'hostilité croissante
e Umweltverschmutzung	la pollution
r Klimawandel	le changement climatique
r Terroranschlag, ¨-e	l'attentat terroriste
r Arbeitsplatzverlust, -e	la perte de l'emploi
r Ausbildungsplatz, ¨-e	la place en apprentissage
e Links-Rechts-Positionierung, -en	le positionnement sur un axe gauche-droite
r Mittelwert, -e	la moyenne
etw. ein/stufen	classer qqch
die politischen Anschauungen (pl.)	les convictions, les opinions politiques
Jungen und junge Männer (pl.)	les garçons et les jeunes hommes
Mädchen und junge Frauen (pl.)	les filles et les jeunes femmes

KAPITEL 10

Junge Menschen haben Angst vor Krieg, Armut, Feindseligkeiten und Klimawandel

Tabelle 1 zeigt die Antworten der 12- bis 25-Jährigen auf die Frage, welche der genannten Themen und Probleme ihnen Angst machen. Noch 2019 konnte sich kaum jemand einen Krieg in Europa vorstellen. Inzwischen hat der Überfall Russlands auf die Ukraine daran erinnert, dass imperialistische Kriege in Europe nicht verschwunden sind. Die jüngste Entwicklung - der russische Angriff, die westliche Militärhilfe, die anhaltenden Debatten über eine Remilitarisierung - schlägt sich auch in den Befragungswerten nieder. 81% der Befragten geben an, dass sie Angst vor einem Krieg in Europa haben (1). 2019 waren es nur 46% gewesen. Den zweithöchsten Wert erzielt in diesem Ranking mit 67% die Sorge um die schlechte Wirtschaftslage und steigende Armut (2). Dieser Wert kontrastiert scheinbar mit der Angst, arbeitslos zu werden oder keinen Ausbildungsplatz zu finden (8), die mit 35% kaum verbreitet ist. Tatsächlich sind es nur auf den ersten Blick widersprüchliche Aussagen. Die Angst vor steigender Armut ist vermutlich eine Konsequenz der explodierenden Energiepreise und galoppierenden Inflation im Anschluss an den Ukraine-Krieg und die EU-Sanktionen gegen Russland. Aber auch wenn sich die Aussichten der deutschen Wirtschaft aufgrund der veränderten Rahmenbedingungen gerade eintrüben, herrscht derzeit immer noch ein Überangebot an Arbeitsplätzen mit einer niedrigen gesamtdeutschen Arbeitslosenrate von 6%.

JUGEND IN DEUTSCHLAND

Vokabelhilfe

e Feindseligkeit, -en	l'hostilité
r Überfall Russlands auf die Ukraine	l'invasion de l'Ukraine par la Russie
r imperialistische Krieg, -e	la guerre impérialiste
r Angriff, -e	l'attaque, l'agression
e Militärhilfe, -n	l'aide militaire
sich in den Befragungswerten nieder/schlagen (ä/u/a)	se traduire par qqch
...% der Befragten (gén.pl.)	... % des personnes interrogées
an/geben (i/a/e), dass ...	dire, affirmer que (personnes interrogées)
s Ranking, -s	le classement
e Sorge um + acc.	la préoccupation, l'inquiétude
mit + dat. kontrastieren	contraster avec qqch
arbeitslos werden	perdre son emploi ; se retrouver au chômage
widersprüchliche Aussagen	des déclarations contradictoires
die explodierenden Energiepreise (pl.)	l'explosion du prix de l'énergie
e galoppierende Inflation	l'inflation galopante
Die Aussichten der Wirtschaft trüben sich ein.	Les perspectives économique s'assombrissent.
die veränderten Rahmenbedingungen (pl.)	le contexte différent ; le contexte qui a changé
s Überangebot an Arbeitsplätzen	l'excédent d'emplois
e niedrige Arbeitslosenrate, -n	le faible taux de chômage

Kapitel 10

Der Krieg in der Ukraine (und später im Nahen Osten) und die Migrationsdebatte haben die Berichte über den Klimawandel etwas in den Hintergrund treten lassen. Verschwunden ist die Problematik keineswegs. Junge Menschen sind sich sehr wohl der Gefahren des Klimawandels (5) und der Umweltverschmutzung (4) bewusst. 64% bzw. 63% der Befragten geben an, dass ihnen diese Phänomene Sorgen bereiten. Umgekehrt mag man sich darüber wundern, dass die Zuwanderung nach Deutschland (9) trotz einer intensiven medialen Berichterstattung rund um dieses Thema lediglich 34% der befragten Jugendlichen beunruhigt.

Unterschiede zwischen West- und Ostdeutschland

Wie nicht anders zu erwarten, zeigen sich aber teils deutliche Unterschiede zwischen den Jugendlichen in West- und in Ostdeutschland. Das sieht man nicht zuletzt beim Thema Migration. Mit 43% ist der Wert in Ostdeutschland um elf Prozentpunkte höher als in Westdeutschland. Und auch bei den Items Krieg in Europa (1), Armut (2) und Arbeitsmarkt (8) liegen die Werte der ostdeutschen Jugend um drei, vier bzw. sieben Prozentpunkte über denen in Westdeutschland. Die Jugendlichen in Ost und West sind sich in vielem ähnlich, aber Zukunftssorgen werden im Osten oft stärker empfunden als in der alten Bundesrepublik. Das kann angesichts der Ausführungen in Kapitel 5 nicht überraschen.

JUGEND IN DEUTSCHLAND

Vokabelhilfe

r Krieg in der Ukraine	la guerre en Ukraine
r Nahe Osten	le Proche-Orient
etw. in den Hintergrund treten lassen (ä/ie/a)	reléguer qqch au second plan
jmdem Sorgen bereiten	préoccuper qn
sich darüber wundern, dass ...	s'étonner que...
e intensive mediale Berichterstattung	la forte médiatisation
jmden beunruhigen	inquiéter qn
die befragten Jugendlichen	les jeunes interrogés
um ... Prozentpunkte höher sein als ...	être supérieur de ... points à ...
s Item, -s	l'item
um ... Prozentpunkte über + dat. liegen (a/e)	être supérieur de ... points à ...
die Jugendlichen (pl.) in Ost und West	les jeunes de l'Est et de l'Ouest
sich in vielem ähnlich sein	se ressembler sur de nombreux aspects
e Zukunftsangst, ¨-e	la peur de l'avenir
etw. empfinden (a/u)	ressentir qqch
e Ausführung, -en	le développement, l'explication, la présentation

179

KAPITEL 10

Wie sich junge Menschen politisch positionieren

Wenn man die Presse liest, hat man oft den Eindruck, die deutsche Jugend rutsche immer weiter nach rechts ab. Gerade im Zusammenhang mit der Europawahl wurden Klagen über den Rechtsruck der Jugend laut. Nicht nur die ARD-Sendung MONITOR wähnte die "Jugend auf dem Weg nach rechts". Und nicht nur die DIE ZEIT hatte "Ideen, wie man den Rechtsruck der Jugend stoppen" könne. In Wahrheit stützen zumindest die Zahlen der Shell Jugendstudie derartig alarmierende Annahmen nur sehr bedingt.

- *Die Jugend bleibt stabil leicht links von der Mitte*: Tabelle 2 zeigt, wie sich die Jugendlichen selbst auf einer Links-Rechts-Skala positionieren. Mit einem Mittelwert von 5,3 haben sich junge Menschen gegenüber 2019 (5,1) etwas weiter nach rechts bewegt. Aber insgesamt sieht sich die Jugend in den letzten zwei Jahrzehnten stabil leicht links von der Mitte. Einen Rechtsruck haben die Autoren der Studie nicht feststellen können. Tabelle 3.1 suggeriert eher das Gegenteil: 46% aller Befragten stufen sich als links oder eher links ein. Es ist der höchste Wert seit 2002. Er liegt um fünf Prozentpunkte über dem Wert von 2019 (41%). Zwar ist auch die Zahl junger Menschen mit einer (eher) rechten Positionierung gestiegen (2024: 18% gegenüber 2019: 13%), aber über den gesamten Zeitraum der letzten zwanzig Jahre ist der Wert stabil. Interessant sind zwei andere Phänomene: zum einen eine stärkere Politisierung und Polarisierung der Jugend und zum anderen deutliche Unterschiede bei der politischen Selbstverortung von männlichen und weiblichen Studienteilnehmern.

JUGEND IN DEUTSCHLAND

Vokabelhilfe

nach rechts ab/rutschen	glisser vers la droite, à droite
e Europawahl, -en	les élections européennes
r Rechtsruck	la droitisation
auf dem Weg nach rechts sein	être en train de basculer à droite
eine Annahme nur sehr bedingt stützen	confirmer une hypothèse seulement partiellement
sich auf einer Links-Rechts-Skala positionieren	se positionner sur un axe gauche-droite
sich nach rechts bewegen	passer légèrement plus à droite
insgesamt	au total, tout compte fait, globalement
sich (leicht) links von der Mitte sehen (ie/a/e)	considérer être légèrement à gauche du centre
das Gegenteil suggerieren	suggérer le contraire
...% aller Befragten (gén.pl.)	... % de tous les sondés
sich als (eher) links ein/stufen	se classer (plutôt) à gauche
steigen (ie/ie) (SEIN)	augmenter (intr.)
über den gesamten Zeitraum	sur l'ensemble de la période
e Politisierung	la politisation
e Polarisierung, -en	la polarisation
deutliche Unterschiede (pl.) bei + dat.	d'importantes différences concernant qqch
e politische Selbstverortung	l'auto-évaluation politique
männliche und weibliche Studienteilnehmer (pl.)	les hommes et les femmes qui ont participé à cette étude

KAPITEL 10

- *Die Jugend wird politischer und polarisiert sich*: 2024 machten 10% der Befragten keine Angaben über ihre politische Positionierung. Das ist seit 2002 ein historischer Tiefstand. Und es deutet auf ein wachsendes politisches Interesse hin. Gleichzeitig ist die Mitte in den letzten zehn Jahren etwas geschrumpft, während die Selbstverortung mit (eher) links deutlich zunimmt und die mit (eher) rechts wieder das Niveau vor 2019 erreicht (Tabelle 3.1). Das legt den Gedanken nahe, dass politische Konfliktpotenziale zugenommen haben, dass sich die Jugend also politisch stärker polarisiert.
- *Mädchen und junge Frauen positionieren sich noch viel eindeutiger links als Jungen und junge Männer*: Die Presse hat vielfach betont, dass der Anteil junger Männer, die sich (eher) rechts positionieren, von 16% (2019) auf 25% (2024) stark gestiegen sei. Das ist richtig. Nur, er liegt nun in etwa wieder auf dem Niveau der Befragungen vor 2019 (Tabelle 3.2.). Der vermeintliche Rechtsruck der Jungen ist viel weniger beachtlich als der reale Linksdrall der Mädchen. Der Prozentsatz junger Frauen, die keine Angaben zu ihrer politischen Selbsteinschätzung machen, ist seit 2002 von 25% auf 11% gefallen, ihr Anteil im (eher) rechten Spektrum liegt seit Jahren stabil bei rund 11%, die Mitte schrumpft etwas mehr als bei den jungen Männern. Währenddessen ist der Anteil der Frauen, die sich (eher) links einordnen, von 32% 2002 auf stolze 51% 2024 angewachsen (Tabelle 3.3). Politik ist, so die Autoren der Studie, keine "Männersache" mehr. Die weibliche Jugend hat sich politisiert, und ihre vorwiegend linke Politisierung alimentiert die beobachtete Polarisierung.

JUGEND IN DEUTSCHLAND

Vokabelhilfe

sich polarisieren	se polariser
keine Angaben über + acc. machen	ne pas se prononcer
r historische Tiefstand, ¨-e	le niveau historiquement bas
Die Mitte schrumpft.	Le centre se rétrécit.
s wachsende politische Interesse	l'intérêt croissant pour la vie politique.
(deutlich) zu/nehmen (imm/ahm/omm)	augmenter (sensiblement) (intr.)
sich eindeutig links positionieren	se positionner clairement à gauche
r Anteil junger Männer (gén.pl.)	la part des jeunes hommes
e Befragung, -en	le sondage, l'étude
r vermeintliche Rechtsruck	la droitisation supposée
r reale Linksdrall	la gauchisation réelle
r Prozentsatz junger Frauen (gén.pl.)	la part des jeunes femmes
e politische Selbsteinschätzung, -en	l'auto-évaluation politique
von + dat. auf + acc. fallen (ä/ie/a) (SEIN)	passer de ... à ... (en baissant)
s (eher) rechte Spektrum	(plutôt) à droite de l'échiquier politique
stabil bei + dat. liegen (a/e)	rester stable à + chiffre
sich (eher) links ein/ordnen	se classer (plutôt) à gauche
keine "Männersache" mehr sein	ne plus être "une chasse gardée" des hommes
von + dat. auf + acc. an/wachsen (ä/u/a) (SEIN)	passer de ... à ... (en augmentant)

Kapitel 10

Rechtsruck der Jugend: Mythos oder Realität?

Dass die Jugend nach rechts abrutsche, wurde 2024 wiederholt in den Medien behauptet. Wie gesehen, stützen die Daten der 19. Shell Jugendstudie diese These nicht. Andere Studien scheinen zwar zu anderen Ergebnissen zu kommen. So würden Medienberichten zufolge heute 22% der 14- bis 29-Jährigen für die AfD stimmen, mehr als für jede andere Partei. Doch handelt es sich um eine journalistische Fehlinterpretation der Trendstudie *Jugend in Deutschland 2024*. Die Zahl bezieht sich nämlich ausschließlich auf diejenigen, die sich sicher sind, zur Wahl zu gehen, und die wissen, wen sie wählen werden. Die Unentschlossenen wurden bei der Darstellung gar nicht berücksichtigt. Auch wurde die Repräsentativität der Teilnehmer dieser Studie angezweifelt.

Warum also die Aufgeregtheit über einen vermeintlichen Rechtsruck der Jugend? Ein Grund mögen unsere stereotypen Vorstellungen sein. Seit 1968 steht die Jugend im kollektiven Bewusstsein links, und ihre idealtypischen Repräsentanten sind die Grünen. Man könnte überspitzt sagen: Jung ist, wer grün wählt. Ein zweiter Grund sind die Medien, in denen linksliberale Denkmuster verbreitet sind: Sie haben 2024 alarmistische Bilder geliefert, die die rechte Gesinnung Jugendlicher zu bestätigen scheinen: Im Mai zirkulierte ein Handy-Video, das eine Gruppe Jugendlicher auf Sylt zeigt. Sie tanzen und singen ausländerfeindliche Parolen zu einem Lied des italienischen DJs Gigi d'Agostino. Derartige Bilder und ihre öffentliche Skandalisierung brennen sich in das kollektive Gedächtnis ein.

JUGEND IN DEUTSCHLAND

Vokabelhilfe

etw. wiederholt behaupten	affirmer qqch de manière répétée ; répéter qqch
eine These stützen	soutenir, confirmer une hypothèse
Medienberichten zufolge	selon certains médias
...% der 14- bis 29-Jährigen	... % des 14-29 ans
für eine Partei stimmen	voter pour un parti
e Fehlinterpretation, -en	l'interprétation eronnée
sich auf + acc. beziehen (og/og)	porter sur qqch, se référer à qqch
zur Wahl gehen (ing/ang) (SEIN)	aller voter, se rendre aux urnes
eine Partei wählen	voter pour un parti
die Unentschlossenen (adj.subst.) (pl.)	les indécis
etw. berücksichtigen	prendre qqch en compte
e Aufgeregtheit über + acc.	l'agitation
die stereotypen Vorstellungen (pl.)	les représentations stéréotypées ; les stéréotypes, les préjugés
s kollektive Bewusstsein	les représentations collectives
links stehen (and/and)	être de gauche
linksliberale Denkmuster (pl.)	des poncifs de la gauche libérale
e rechte Gesinnung Jugendlicher (gén.pl.)	les opinions de droite des jeunes
ausländerfeindliche Parolen (pl.)	des slogans xénophobes
sich in das kollektive Gedächtnis ein/brennen (annt/annt)	s'inscrire durablement dans la mémoire collective

KAPITEL 10

Zoomer gegen Boomer: ein Generationenkonflikt?

Der Generationenkonflikt im Sinne eines Aufbegehrens junger Menschen gegen ältere Autoritäten ist kein neues Phänomen. Das bekannteste Beispiel dafür sind 1968 und die Studentenrevolte. Von einem Generationenkonflikt kann man sprechen, wenn die Werte, Einstellungen, Lebensentwürfe und Verhaltensweisen der nachwachsenden Generation und jene der älteren Jahrgänge sich unversöhnlich gegenüberstehen und diese Unterschiede verabsolutiert werden. In der Medienberichterstattung 2024 wurden vor allem zwei Aspekte eines derartigen Generationenkonflikts thematisiert. Der erste betrifft die Arbeitswelt, der zweite die angebliche oder tatsächliche "Wokeness" der jungen Generation.

- *Jugend und Arbeitsmarkt*: Oft heißt es, die Angehörigen der Generation Z, die sogenannten Zoomer - etwa zwischen 1995 und 2010 geboren - hätten eine ganz andere Arbeitseinstellung als die Generation der Babyboomer, die in den 1950er und 1960er Jahren geboren wurden. Zur Beschreibung dieses Konflikts zwischen Zoomern und Boomern wählen die Medien gerne die Unternehmen und den Arbeitsmarkt, weil sich dort der Generationenkonflikt logisch herleiten lässt. Die geburtenstarken Jahrgänge der Boomer gehen in Rente, die geburtenschwachen Jahrgänge der Zoomer rücken nach. Da derzeit aber das Risiko, arbeitslos zu werden, gering ist, und ein Überangebot an Arbeitsplätzen herrscht, befindet sich die Generation Z in einer mächtigen Verhandlungsposition. Und ihr verändertes Anspruchsdenken äußert sich selbstbewusst.

JUGEND IN DEUTSCHLAND

Vokabelhilfe

s Aufbegehren	la révolte, la rébellion
e Studentenrevolte, -n	la révolte estudiantine
r Lebensentwurf, ¨-e	le projet de vie
die Verhaltensweisen (pl.)	les comportements
die nachwachsende Generation	la jeune génération
die älteren Jahrgänge (pl.)	la génération, les générations ancienne(s)
sich unversöhnlich gegenüber/stehen (and/and)	être irréconciliable
e Medienberichterstattung, -en	la couverture d'un événement par les médias ; la médiatisation
etw. betreffen (iff/af/off)	concerner qqch
e Arbeitswelt	le monde du travail
e angebliche oder tatsächliche "Wokeness"	le "wokisme" supposé ou réel
r Arbeitsmarkt, ¨-e	le marché de l'emploi
e ganz andere Arbeitseinstellung haben als …	avoir une conception du travail très différente de celle …
etw. logisch her/leiten	s'expliquer logiquement
die geburtenstarken Jahrgänge (pl.)	les cohortes nombreuses
die geburtenschwachen Jahrgänge (pl.)	les cohortes peu nombreuses
e mächtige Verhandlungsposition	le pouvoir de négociation ; la position de force
ein verändertes Anspruchsdenken haben	avoir d'autres exigences

Vor allem, so heißt es, strebe die Jugend nach einer neuen Work-Life-Balance, bei der das Arbeitsleben nicht zulasten des Privatlebens und der Freizeit gehen dürfe. Konkret bedeute das den Wunsch, mehr im Home Office oder (selbst als Berufseinsteiger) in Teilzeit zu arbeiten; die Jungarbeitnehmer wollten kürzere Arbeitstage oder gar eine Vier-Tage-Woche ohne Gehaltseinbußen; ein wachsender Anteil wünsche sich eine Arbeit, die Sinn habe; und selbstverständlich forderten sie höhere Einstiegsgehälter, als es Angehörige früherer Generationen je gewagt hätten. Ältere Mitarbeiter und Personalchefs reagierten auf derartige Forderungen mit Unverständnis und würden der jüngeren Generation abnehmende Arbeitslust und mangelnde Leistungsbereitschaft unterstellen.

- *Eine ideologische Konfrontation*: Seit einiger Zeit ist das Wort "woke" in aller Munde. "Woke" - ein afroamerikanisches Synonym für das standardenglische "awake" - wurde schon in den 1930er Jahren im Zusammenhang mit der Emanzipationsbewegung der afroamerikanischen Bevölkerung benutzt. Es bedeutet ein kritisches Bewusstsein für rassistische Diskriminierung und wird inzwischen viel allgemeiner im Sinne eines radikalen Bewusstseins für jede Form der ethnischen, geschlechtlichen, sexuellen und sozialen Unterdrückung vor allem von Minderheiten benutzt. In letzter Konsequenz mündet es in eine Kritik des "alten weißen Mannes", Inkarnation des westlichen Ausbeutungs- und Unterdrückungsapparats. Mehrere Bewegungen können beispielhaft dazu gerechnet werden:

JUGEND IN DEUTSCHLAND

Vokabelhilfe

nach + dat. streben	aspirer à qqch
e Work-Life-Balance	l'équilibre entre vie professionnelle et vie privée
zulasten + gén. gehen (ing/ang) (SEIN)	se faire au détriment de qqch
im Home Office arbeiten	travailler en distanciel
r Berufseinsteiger, -	le primo-entrant sur le marché du travail
in Teilzeit arbeiten	travailler en temps partiel
r Jungarbeitnehmer, -	le jeune salarié
kürzere Arbeitstage (pl.)	des journées de travail plus courtes
e Vier-Tage-Woche ohne Gehaltseinbußen	la semaine de quatre jours sans perte de salaire
s Einstiegsgehalt, ¨-er	le premier salaire
s Unverständnis	l'incompréhension
der jüngeren Generation abnehmende Arbeitslust und mangelnde Leistungsbereitschaft unterstellen	reprocher à la jeune génération d'avoir moins envie de travailler et d'être moins disposée à s'investir
s kritische Bewusstsein für + acc.	la conscience critique
e Unterdrückung, -en	l'oppression
in + acc. münden	déboucher sur qqch
r "alte weiße Mann"	le "vieux mâle blanc", le "vieux homme blanc"
e Ausbeutung	l'exploitation
etw. beispielhaft zu + dat. rechnen	associer qqch à qqch à titre d'exemple(s)

Kapitel 10

- Die *Black Lives Matter*-Proteste 2020 kamen aus den USA nach Europa und mündeten u.a. in das Bemühen, die Statuen ehemaliger Kolonialherren zu stürzen. In Deutschland, das keine große Kolonialmacht gewesen war, äußerte sich diese Kritik an der Vergangenheit eher in Diskussionen über die Umbenennung von Straßen und Plätzen. Die Stadt Berlin ließ beispielsweise 2021 ein Dossier erstellen, das 290 problematische Orte auflistet. Diese trügen Namen von Persönlichkeiten, die des Antisemitismus verdächtig seien.
- Die *Fridays for Future*-Bewegung geht auf die Schwedin Greta Thunberg zurück, die im August 2018 zum ersten Mal den Schulbesuch verweigerte, um gegen die Untätigkeit der Regierenden im Kampf gegen den Klimawandel zu protestieren. In Deutschland fand dieser Schulstreik schnell Nachahmer. Auch die Klimaaktivisten der *Letzten Generation* sind Verfechter eines radikalen zivilen Ungehorsams, die ab 2022 mit öffentlichkeitswirksamen Aktionen auf den Klimanotstand aufmerksam machten: Sie bewarfen zum Beispiel Gemälde in Museen mit Kartoffelbrei oder klebten sich auf Straßen fest, um den Verkehr zu blockieren.
- Die *#MeToo*-Bewegung begann Ende 2017 durch Informationen darüber, dass der Filmproduzent Harvey Weinstein über drei Jahrzehnte unzählige Frauen sexuell belästigt, genötigt bzw. vergewaltigt habe. *#MeToo* war eine Aufforderung an Frauen weltweit, das Verhalten übergriffiger Männer öffentlich zu machen.

JUGEND IN DEUTSCHLAND

Vokabelhilfe

eine Statue stürzen	renverser une statue
ehemalige Kolonialherren (pl.)	les anciens colonialistes
e Umbenennung von Straßen und Plätzen	le changement des noms de rue et de place
einer S. (gén.) verdächtig sein	être suspecté de qqch
den Schulbesuch verweigern	refuser d'aller à l'école
e Untätigkeit der Regierenden im Kampf gegen den Klimawandel	l'inaction des gouvernants dans la lutte contre le changement climatique
r Schulstreik, -s	la grève scolaire
Nachahmer finden (a/u)	trouver des imitateurs
r Verfechter + gén.	le partisan de qqch
r zivile Ungehorsam	la désobéissance civile
öffentlichkeitswirksame Aktionen	des actions qui attirent l'attention des médias
r Klimanotstand	l'urgence climatique
Gemälde mit Kartoffelbrei bewerfen (i/a/o)	jeter de la purée de pommes de terre sur des tableaux
sich auf Straßen fest/kleben	se coller la main au sol d'une rue
jmden sexuell belästigen	harceler qn sexuellement
jmden nötigen	imposer des actes sexuels à qn
jmden vergewaltigen	violer qn
e Aufforderung an jmden, etw. zu tun	l'appel adressé à qn de faire qqch
s Verhalten übergriffiger Männer (gén.pl.)	le comportement d'hommes sexuellement agressif

- Manchmal gibt das kritische Bewusstsein für verborgene Unterdrückungsmechanismen Anlass zu konkreten Handlungsempfehlungen. So wurde die Sprachpraxis des generischen Maskulinums als frauenfeindlich gebrandmarkt, und besonders "woke" Mitbürger:innen praktizieren seitdem *eine gendergerechte Sprache.* Man kann auf unterschiedliche Arten gendern: Entweder benutzt man eine Doppelform ("Studenten und Studentinnen") oder ein graphisches Sonderzeichen ("Student*innen", "Student:innen") oder eine genderneutrale Form ("Studierende"). Die radikalste Variante besteht darin, das generische Maskulinum ("Studenten") systematisch oder abwechselnd durch ein generisches Femininum ("Studentinnen") zu ersetzen, bei dem auch männliche Studierende mitverstanden werden. In Deutschland ist die Frage, ob gegendert werden soll oder nicht, ein hochsensibles Thema. Bayern hat wie mehrere andere Bundesländer entschieden, dass in den Schulen und in der öffentlichen Kommunikation die gendergerechte Sprache nicht benutzt werden darf.

Ehrlicherweise muss man sagen, dass die statistischen Daten den Konflikt zwischen Alt und Jung nur bedingt bestätigen und dass die Träger der Proteste nicht nur junge Menschen sind. Tatsächlich ist der Wunsch nach mehr Arbeitsflexibilität ein Anliegen der Zoomer, aber die Bereitschaft, Überstunden zu machen, ist dennoch relativ groß. Und auch wenn das Gendern tendenziell bei der Jugend auf größere Akzeptanz stößt als bei älteren Generationen, spricht sich auch eine deutliche Mehrheit der jungen Menschen dagegen aus.

JUGEND IN DEUTSCHLAND

Vokabelhilfe

verborgene Unterdrückungsmechanismen (pl.)	les mécanismes d'oppression cachés
e Handlungsempfehlung, -en	la recommandation (d'action)
e Sprachpraxis	la pratique (langagière)
s generische Maskulinum	la masculin générique
etw. als frauenfeindlich brandmarken	dénoncer qqch comme misogyne
e gendergerechte / gendersensible Sprache	le langage inclusif
gendern	pratiquer le langage inclusif
s graphische Sonderzeichen, -	le caractère graphique spécial
e genderneutrale Form, -en	la forme neutre
abwechselnd	alternativement
s generische Femininum	le féminin générique
etw. durch + acc. ersetzen	remplacer qqch par qqch
jmden mit / verstehen (and / and)	inclure qn
s hochsensible Thema	le sujet très sensible
die Träger (pl.) der Proteste	les acteurs des contestations
e Arbeitsflexibilität	l'organisation souple du travail
s Anliegen, -	la préoccupation, l'aspiration
e Bereitschaft, etw. zu tun	la disposition
Überstunden machen	faire des heures supplémentaires

KAPITEL 10

Wie wir die Zukunft der Jugend gefährden

Ein anderer Aspekt jugendlichen Lebens in Deutschland betrifft die Frage der schnellen Abfolge von Krisen, die gerade für junge Menschen eine Herausforderung und Belastung dargestellt haben.

- *Jugend und Corona-Pandemie*: Um das Ansteckungsrisiko einzudämmen, wurden in Deutschland ab 2020 Gesundheitsschutzmaßnahmen getroffen. Mit den Schulschließungen, Ausgangssperren und Kontaktbeschränkungen sollten vor allem ältere Mitbürger und Personen mit Vorerkrankungen geschützt werden. Aber diese Maßnahmen hatten auch negative Folgen für Kinder und Jugendliche, für die soziale Interaktionen mit Gleichaltrigen zur Persönlichkeitsentwicklung besonders wichtig sind. Die Zahlen scheinen darauf hinzudeuten, dass Angststörungen und Depressionen seit der Corona-Pandemie noch einmal deutlich gestiegen sind.
- *Klimanotstand und Klimaangst*: Eine besondere Form der Angststörung ist die sogenannte Klimaangst. Es handelt sich um eine psychische Reaktion auf Nachrichten über die Folgen des Klimawandels. Sie können Gefühle von Ohnmacht, Scham, Trauer, Schuld, Wut, Verzweiflung usw. auslösen und die Lebensentwürfe junger Menschen beeinflussen. Positiv können solche Gefühle in eine Form der Selbstermächtigung ("Empowerment") umgewandelt werden. Greta Thunberg ist das beste Beispiel dafür. Negativ erzeugen sie eine No Future-Haltung, sodass Jugendliche sich beispielsweise nicht vorstellen können, später Kinder in die Welt zu setzen.

JUGEND IN DEUTSCHLAND

Vokabelhilfe

etw. gefährden	mettre qqch en danger, menacer qqch
e schnelle Abfolge von Krisen	la rapide succession de crises
eine Herausforderung und Belastung dar/stellen	constituer un défi et un poids
das Ansteckungsrisiko ein/dämmen	limiter le risque de contamination
e Gesundheitsschutzmaßnahme, -n	la mesure de santé publique
e Schulschließung, -en	la fermeture des écoles
e Ausgangssperre, -n	le confinement
e Kontaktbeschränkung, -en	la limitation des contacts
Personen mit Vorerkrankungen	les personnes malades, les personnes à risque
soziale Interaktionen mit Gleichaltrigen	les interactions sociales avec ses pairs
e Angststörung, -en	l'anxiété
e Klimaangst	l'éco-anxiété
ein Gefühl, -e aus/lösen	déclencher un sentiment
e Ohnmacht	l'impuissance
e Scham	la honte
e Trauer	le deuil, la tristesse
e Verzweiflung	la détresse
e Selbstermächtigung	l'acte pour s'assurer de son pouvoir ; l'autonomisation, l'émancipation
ein Kind in die Welt setzen	mettre au monde un enfant

- *Ukraine-Krieg und Wehrpflicht*: Die Wiederkehr des Krieges in Europa konfrontiert die Jugend nicht nur mit schrecklichen Bildern. Sie beeinflusst auch die wirtschaftlichen Grundlagen unseres Lebens. Die kriegsbedingte Inflation schürt, wie gesehen, Zukunfts- und Abstiegsängste. Außerdem scheint es unausweichlich, die nationalen und europäischen Verteidigungskapazitäten zu überdenken. Das bedeutet eine dauerhafte Erhöhung der Militärausgaben, vor allem aber auch eine gesellschaftliche Klärung der Frage, ob die 2011 ausgesetzte Wehrpflicht wiedereingeführt werden sollte. Es ist davon auszugehen, dass eine derartige Maßnahme weitreichende Folgen haben wird. Sie würde nicht nur die Lebensplanung Jugendlicher beeinflussen, sondern zum Beispiel auch das Geschlechterverhältnis.
- *Soziale Medien und die Gefährdungen Jugendlicher*: Die sozialen Medien selbst sind keine Krise, doch haben bzw. verstärken sie krisenhafte Effekte gerade unter jungen Menschen. Experten führen den Anstieg der psychischen Störungen auch auf eine intensive Nutzung sozialer Netzwerke zurück, in denen Mobbing ein verbreitetes Phänomen ist. Je mehr Zeit Jugendliche damit verbringen, desto größer wird das Suchtpotenzial und die Gefahr der sozialen Vereinsamung. Außerdem lassen sich dort leichter Fake News und Verschwörungserzählungen verbreiten als über die traditionellen Medien. Und schließlich beeinträchtigen Medien, die auf kurze Informationen und Emotionalität setzen, die Fähigkeiten, die Kinder und Jugendliche benötigen (Rationalität und Konzentration), um in der Schule erfolgreich zu sein.

JUGEND IN DEUTSCHLAND

Vokabelhilfe

e Wehrpflicht	le service militaire obligatoire
e Wiederkehr des Krieges in Europa	le retour de la guerre en Europe
e kriegsbedingte Inflation	l'inflation due à la guerre
Ängste schüren	attiser des peurs
e Abstiegsangst, ¨-e	la peur du déclassement
die Verteidigungskapazitäten (pl.)	les capacités de défense
e Erhöhung der Militärausgaben	l'augmentation des dépenses militaires
die Wehrpflicht aus/setzen	suspendre le service militaire
die Wehrplicht wieder ein/führen	réintroduire le service militaire
die Lebensplanung Jugendlicher (gén.pl.) beeinflussen	avoir un impact sur les projets des jeunes
s Geschlechterverhältnis	le rapport entre les sexes
die sozialen Medien (pl.) / die sozialen Netzwerke (pl.)	les réseaux sociaux
unter jungen Menschen	parmi les jeunes
e psychische Störung, -en	le trouble psychique
s Mobbing	le harcèlement
e Sucht, ¨-e	l'addiction
e Vereinsamung	l'isolement social
Verschwörungserzählungen verbreiten	diffuser des récits conspirationnistes
etw. beeinträchtigen	impacter qqch